BIBLIOTECA ÁUREA HISPÁNICA BÁH

Editorial Iberoamericana / Vervuert

Biblioteca Áurea Hispánica, 129

ARTE DE BIEN MORIR Y LA CONTIENDA DEL CUERPO Y ALMA

Un incunable toledano de 1500

Edición, estudio y notas
de Blanca López de Mariscal
y Guadalupe Rodríguez Domínguez

Iberoamericana • Vervuert • 2019

Amor de Dios, 1 – E-28014 Madrid
Tel.: +34 91 429 35 22 - Fax: +34 91 429 53 97

Elisabethenstr. 3-9 – D-60594 Frankfurt am Main
Tel.: +49 69 597 46 17 - Fax: +49 69 597 87 43

info@iberoamericanalibros.com
www.iberoamericana-vervuert.es

ISBN 978-84-9192-047-2 (Iberoamericana)
ISBN 978-3-96456-807-6 (Vervuert)
ISBN 978-3-96456-808-3 (e-Book)

Depósito Legal: M-24464-2019

Cubierta: Rubén Salgueiros

Impreso en España

Este libro está impreso íntegramente en papel ecológico sin cloro.

ÍNDICE

PRELIMINAR

El ejemplar que contiene el *Arte de bien morir* y *La contienda del cuerpo y alma* que aquí presentamos se terminó de imprimir en la ciudad de Toledo a los 28 días del mes de junio de 1500, según se afirma en su colofón. Se trata de un ejemplar en el que aparecen dos obras bien diferenciadas: el *Arte de bien morir,* un texto en prosa sin autor declarado, y *La contienda del cuerpo y alma,* una composición en verso firmada por Antón López de Meta. Ambas obras forman parte de una misma edición que estaba destinada a preparar, tanto al hombre que goza de buena salud como al que se encuentra ya en su fase terminal, para enfrentar su tránsito final hacia la vida eterna.

Esta edición es el resultado de un proyecto de investigación, de mayor aliento, que hemos titulado «Silva Áurea». Su principal objetivo es la divulgación de los fondos áureos de la Biblioteca Cervantina, del Tecnológico de Monterrey, desde una perspectiva crítica y rigurosa para poner al alcance del especialista y el lector culto ediciones y estudios a propósito de los fondos de literatura hispana y novohispana depositados en la Biblioteca Cervantina.

«Silva» es un término que conceptualmente alude a un esquema métrico que, de forma flexible, combina heptasílabos y endecasílabos; designa también un tipo de libro que, por asuntos, contenido o disposición, presenta un aspecto misceláneo. Dicho carácter misceláneo es el que inspira este proyecto de investigación en su propósito de ofrecer un panorama crítico amplio, que abarque tanto lo hispano como lo novohispano, y se ocupe de fijar críticamente su forma a partir de ediciones y estudios de textos únicos, raros o de difícil acceso, que son repertorios imprescindibles o fundamentales para el conocimiento de impresos tanto hispanos como novohispanos.

El presente volumen incluye, además de la edición crítica, un estudio introductorio en el que se ofrece una visión de conjunto y un acercamiento analítico, necesarios para facilitar la comprensión al lector contemporáneo. En cuanto al criterio editorial, se trata de una edición modernizada en todo aquello que no reviste importancia fonológica. Para los detalles de la misma, hemos seguido los criterios ya contrastados del Grupo de Investigación Siglos de Oro (GRISO), de la Universidad de Navarra, que pueden consultarse en su página electrónica <https://www.unav.edu/web/griso/>.

ESTUDIO INTRODUCTORIO

De cómo llegó este ejemplar a la Biblioteca Cervantina

En el año de 1995 llegaron al Patrimonio Cultural del Tecnológico de Monterrey los 45.000 volúmenes que componen la «Colección Ignacio Bernal». La gestión se realizó gracias a don Lorenzo Zambrano, quien era entonces el presidente del consejo de CEMEX, y era también presidente del Consejo Directivo del Tecnológico de Monterrey. Se trata de una colección de trabajos sobre historia y cultura de México que había pertenecido a don Ignacio Bernal y García Pimentel, célebre historiador, antropólogo y arqueólogo mexicano, que durante más de 60 años había reunido una extensa biblioteca siguiendo la tradición de sus antepasados, dos famosos bibliófilos mexicanos: don Joaquín García Icazbalceta y don Luis García Pimentel, su bisabuelo y su abuelo, respectivamente.

La Colección Bernal, ahora en resguardo en la Biblioteca Miguel de Cervantes Saavedra del Instituto Tecnológico y de Estudios Superiores de Monterrey[1] cuenta, por lo tanto, además de los libros adquiridos por Ignacio Bernal, con una serie de volúmenes heredados de sus ascendientes, dos prestigiados bibliófilos mexicanos que a lo largo de su vida se dedicaron a coleccionar libros raros e incunables, manuscritos y códices, documentos y otros textos de gran valor para la historia y la cultura de México y Centroamérica.

Tenemos noticia de la existencia del volumen que contiene *Arte de bien morir* y *La contienda del cuerpo y alma* (1500) gracias a una nota que el

[1] En adelante nos referiremos a ella como Biblioteca Cervantina.

bibliógrafo mexicano don Joaquín García Icazbalceta escribió con fecha del 7 de agosto de 1887 a su colega y amigo el duque de T'Serclaes. En ella, García Icazbalceta le informa al duque que entre sus libros se halla una edición de *La contienda del cuerpo y alma* (1500). La nota en cuestión es reproducida por Antonio Rodríguez-Moñino en su libro titulado *Los pliegos poéticos de la colección del marqués de Morbecq, siglo* XVI[2].

Tal parece que es necesario hacer un poco de historia. Juan Manuel Pérez de Guzmán y Carrión, marqués de Morbecq, es uno de los hijos y heredero parcial de la biblioteca de don Juan Pérez de Guzmán y Boza, duque de T'Serclaes de Tilly. Entre la parte de la biblioteca que correspondió al marqués de Morbecq se encontraba una colección de pliegos sueltos del siglo XVI, que Rodríguez-Moñino editó en forma facsimilar en el volumen antes mencionado. Pues bien, dentro de esta colección se conserva una «obrita de Antón López de Meta titulada T*ratado del cuerpo e anima* en un lugar y *Contienda del cuerpo y de la alma* en otro, impresa en diez hojas sin foliar, de letra gótica: creemos que en Zaragoza por Hurus hacia 1489»[3]. En su relación, Rodríguez-Moñino agrega que el volumen de la colección Morbecq había pertenecido al librero Quaritch, que se trata de un texto con seis «limpias» litografías y que más adelante se convirtió en pliego sueltos del cual conocemos una sola edición que se encuentra en el British Library y que ha sido fechada hacia 1520[4]. Ahora bien, la nota escrita por don Joaquín García Icazbalceta fue copiada «en una cuartilla de papel de hilo por el Duque de T'Serclaes, se conserva dentro del volumen, al final dice "para colocarla en el folleto *Tractado del cuerpo e de la anima* de Antón López de Meta"»[5]. El texto de la nota de don Joaquín dice a la letra:

> Hay entre mis libros otro impreso en Toledo, desgraciadamente sin portada. En lugar de ella tiene una nota con el título manuscrito de arte del bien morir [ver figura 1]. En 4°, todo gótico, sin folio, línea tirada. Comienza el ejemplar con la signatura aij, y la primera línea dice: «manera mueran. Ca no solamente está puesta en estima», lo cual prueba que el texto comienza en la vuelta de la portada. Las sig[naturas] son a-c, de 8 fs. Faltando la última de c. Con la sig[natura] d empieza otra obra: COMIENÇA LA CONTIENDA DEL CUERPO / E ALMA: COMPUESTO POR ANTON DE META.

[2] Rodríguez-Moñino, 1962, p. 99.
[3] Rodríguez-Moñino, 1962, p. 99.
[4] Rodríguez-Moñino, 1962, p. 99.
[5] Rodríguez-Moñino, 1962, p. 100.

Enseguida está un grabado de un enfermo en su cama con una figurita desnuda de pie sobre ella [ver figura 4]. Este grabado está repetido a la cabeza de la vuelta de la 5.a hoja. La obra es un diálogo en coplas de arte mayor, entre el alma y el cuerpo[6].

A continuación, don Joaquín reproduce la primera y la última estrofa de *La contienda*, así como el colofón de dicha edición: «Acabose este presente tratado / en la muy noble y muy leal cib / dad de Toledo, a xxviij días / de Junio. Año de nuestro Salua / dor, Mill y quinientos»[7].

Figura 1. El título manuscrito, edición de Toledo, 1500,
Ejemplar de la Biblioteca Cervantina, Tecnológico de Monterrey.

Todos estos datos nos dan la certeza de que la edición que presentamos es el volumen extraviado que perteneció a la colección de don Joaquín García Icazbalceta, cuyo paradero permaneció oculto durante más de un siglo sin que los herederos de esta valiosísima biblioteca,

[6] Rodríguez-Moñino, 1962, p.100.
[7] Rodríguez-Moñino, 1962, p.101.

los García Pimentel primero, y los Bernal y García Pimentel después, cayeran en la cuenta de que el volumen se encontraba en su propia casa. Esto se debió en gran medida a que *La contienda,* de la edición de Toledo de 1500, no era un pliego suelto, sino parte de una obra más extensa en la que el texto principal era el *Arte de bien morir,* el cual culminaba con *La contienda del cuerpo y alma,* prueba de ello son las signaturas consignadas en el pequeño volumen, que don Joaquín había identificado con una nota manuscrita a lápiz como «Dos folletos rarísimos, el primero incompleto». Confrontar con la figura 2: el subrayado es de la nota original.

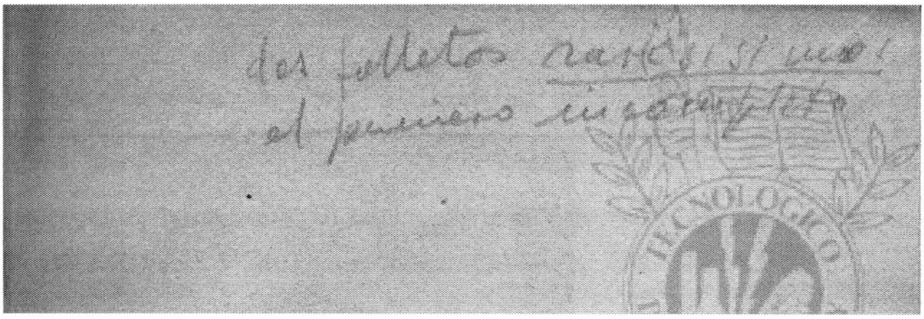

Figura 2. Nota manuscrita de don Joaquín García Icazbalceta. Ejemplar de la Biblioteca Cervantina, Tecnológico de Monterrey.

La pregunta que surge inmediatamente es por qué este incunable toledano, perteneciente a la colección de don Joaquín, no llegó a la Nettie Lee Benson Latin American Collection cuando, en 1937, la Universidad de Texas adquirió los 247 volúmenes de manuscritos, libros y relaciones geográficas de fines del siglo XVI[8] de la biblioteca de Joaquín García Icazbalceta. Seguramente es porque para esa fecha la Colección Benson ya había fijado su misión de «adquirir, conservar y facilitar el acceso a materiales sobre México, América Central, América del Sur, el Caribe y la cultura hispana en Estados Unidos»[9]. Y también porque

[8] Manuscritos y mapas con información estadística, geográfica e indígena sobre México y Guatemala.

[9] Portal electrónico de University of Texas Libraries, Benson Latin American Collection: <http://www.lib.utexas.edu/benson/>

al tratarse de un volumen «desgraciadamente sin portada»[10], no podía fijarse su identidad.

Es así como el incunable toledano que nos ocupa encontró su lugar definitivo, como parte de la Colección Bernal que llegó a la Biblioteca Cervantina del Tecnológico de Monterey. Gracias a ello nosotros hemos tenido la oportunidad de estudiarlo y preparar, para el volumen que hoy tienes entre tus manos, la edición filológica de *Arte de bien morir,* y la edición crítica de *La contienda del cuerpo y alma,* de Antón de Meta.

La contienda del cuerpo y alma entonces llegó al Tecnológico de incógnito y no se descubrió su existencia sino hasta que se culminó el proceso de catalogación en 2010, a cargo de su entonces director el Dr. Daniel Sanabria. Sabemos por referencias del mismo Dr. Sanabria que, dada su rareza, cuando se llegó el momento de clasificar este volumen los catalogadores decidieron ponerlo aparte, en una caja que estaba destinada a los libros que presentaban especial dificultad en su catalogación, y fue el mismo Sanabria quien se dio cuenta de que teníamos entre la colección un volumen que el mismo don Joaquín había calificado como «dos folletos rarísimos» (ver figura 2).

La investigación y la edición que exponemos motivan las presentes líneas, ya que se ha considerado que ambos textos requieren de estudios introductorios que los pongan en contexto para los lectores contemporáneos y muy especialmente para poner al alcance de los estudiantes de filología textos de la literatura del siglo XV y principios del siglo XVI.

Análisis material del ejemplar de la biblioteca de don Joaquín García Icazbalceta

La Biblioteca Cervantina del Tecnológico de Monterrey posee un valioso incunable español cuyo colofón dice haberse acabado en la ciudad de Toledo a los 28 días del mes de junio de 1500. Se trata de un impreso, en formato 4°, que en la primera parte contiene un *Arte de bien morir,* sin autor declarado, y en la segunda, la composición poética *La contienda del cuerpo y alma,* de Antón de Meta.

El ejemplar conservado y posiblemente el único conocido en el mundo hasta el momento, está encuadernado en pergamino, y en la

[10] Rodríguez-Moñino, 1962, p. 100.

contratapa se advierte el exlibris de «Ignacio Bernal y García Pimentel». En la hoja de guarda anterior se lee en letra manuscrita: «Arte de bien morir» (ver figura 1). La fórmula colacional de su estructura material se registra como: a-d^{8} *(d8 v en blanco)*, pero se encuentra mútilo de las hojas con signatura a1 y c8. Para la composición textual se han utilizado dos tipos de fundiciones: 103-104 G para el texto, es decir, fundición gótica de 103-104 mm por cada segmento de veinte líneas impresas, y *c.* 180 G para los encabezamientos interiores, esto es, fundición gótica de *circa* 180 mm; medida, esta última, extraída por extrapolación, en vista de que solo se cuenta con una o dos líneas de texto impreso en cada encabezamiento interior[11]. En las hojas con signatura d1r y d5v se presenta el mismo grabado xilográfico (ver figura 3): el cuerpo tendido en una cama y el alma en figura de niño a la derecha del pie de la misma, todo dentro de un marco de filete simple, cuyas medidas son 89 mm de ancho por 59 mm de largo. En cuanto al contenido, el *Arte de bien morir* abarca de a2r a c7v, y *La contienda del cuerpo y alma* va de d1r a d8r.

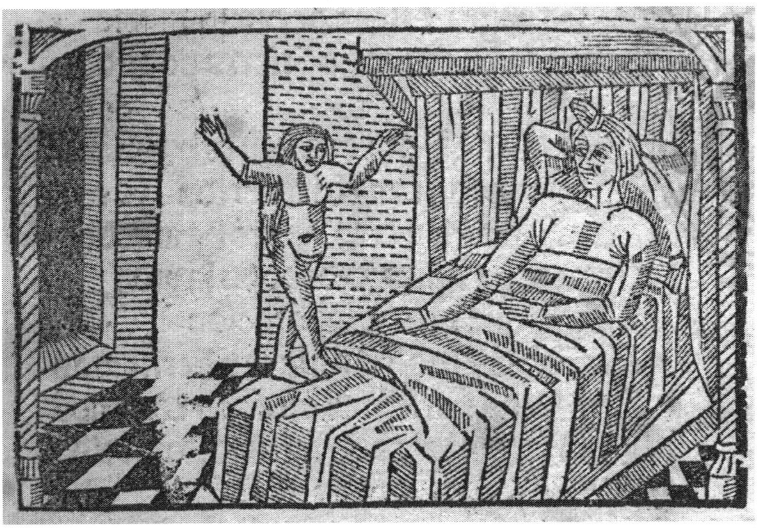

Figura 3. Grabado xilográfico de *La contienda del cuerpo y alma*. Ejemplar de la Biblioteca Cervantina, Tecnológico de Monterrey (d1r.).

[11] Se ha utilizado el método Proctor-Heabler para el análisis tipográfico, perfeccionado por Norton. Ver Norton, 1970.

La fórmula colacional a-d^8 evidencia que se trata de una sola edición; cuyo proyecto editorial tiene sentido en virtud de que el contenido de ambos textos se complementa y completa. Podría decirse, inclusive, que la composición poética de *La contienda del cuerpo y alma* reafirma los argumentos presentados previamente en el *Arte de bien morir.* Asimismo, no solo la secuencia lógica de la fórmula colacional, las fundiciones tipográficas coincidentes en ambos textos y la relación de contenido entre los apartados textuales, sino también la coincidencia en el tipo de papel y la distancia entre sus corondeles en los dos textos nos permiten afirmar que, sin lugar a dudas, se trata de una sola edición.

Por la revisión realizada por Delgado Casado[12] acerca de los impresores españoles de los siglos XV-XVII, sabemos que la única imprenta activa en Toledo durante el año de 1500 fue la de Pedro Hagenbach. Su taller se mantuvo activo de 1498 a 1502. Y, en efecto, la comparación tipográfica entre los impresos de Hagenbach de 1500 y 1500-1503[13], y el incunable de la Biblioteca Cervantina arrojó coincidencia en diseño y tamaño con las fundiciones 103-104 G y *c.* 180 G, con ello podemos afirmar que el incunable de la Biblioteca Cervantina pertenece a una edición salida de las prensas toledanas de Pedro Hagenbach.

Como antecedente de obras que pertenecen al género de artes de bien morir publicados antes de 1500, existen tres ediciones conocidas; el texto de las dos primeras está en castellano y el de la tercera, en catalán. De acuerdo con Vindel[14], las tres salieron de las prensas zaragozanas de los hermanos Hurus y ninguna cuenta con año de impresión. La primera fue publicada junto con un *Breve confesionario,* sin autor declarado, por Pablo Hurus y Juan Blanco (Planck) entre 1479-1484, un ejemplar actualmente se conserva en la Biblioteca de El Escorial (sign. 32-V-19)[15]. La segunda edición del *Arte de bien*

[12] Delgado Casado, 1996, num.384.

[13] La comparación tipográfica se realizó a partir de ejemplares de las siguientes ediciones a cargo de la imprenta de Pedro Hagenbach: *Comie[n]ça el Libro del abad don Juan...,* 1500-1503; [*Señores agora escuchad [et] oyredes vn cue[n]to muy marauilloso...*], 1500-1503; *Estímulo de amor divino,* 1500; *Vita divi Hieronymi Pauli primi eremitae,* 1500.

[14] Vindel, 1949, núm. 15, núm. 24 y núm. 24 (1).

[15] Palau y Dulcet registra la edición como *Arte de bien morir,* Zaragoza, por el impresor anónimo del Turrecramata, hacia 1481, en formato 4.°, letra gótica, 22 h.

morir corrió a cargo de Juan Hurus, entre 1488-1491, seguido también de un *Breve confesionario,* este último del autor Francisco Ximénez; un ejemplar lo resguarda la Bodleian Library de Oxford[16] (sign. A-453). Y la tercera fue impresa también por Juan Hurus entre 1488-1491, en lengua catalana, y también va acompañada de un breve confesionario; un ejemplar se localiza en la Biblioteca Central de Barcelona (sign. 11-VI-41).[17]

Llegamos así al motivo central de estas páginas: mostrar que la edición de Toledo, [Pedro Hagenbach], 1500, podría tratarse de una cuarta edición española de los llamados artes de bien morir. La comparación del contenido de la edición toledana con las zaragozanas demostró que se trata de obras diferentes. Además, la edición toledana es única porque a diferencia de las zaragozanas, contiene una composición poética titulada *Contienda del cuerpo y alma* (ver figura 4).

de 27 líneas, 11 grabados en madera, cuyo único ejemplar conocido se encuentra en la Biblioteca del Monasterio de El Escorial (Palau y Dulcet, 1948, núm. 17712). Palau y Dulcet señala por error que el impreso es de 22 h., ya que en realidad tiene 36 h., como registra Vindel.

[16] También titulada *Arte de bien morir,* impresa en Zaragoza, por Juan Hurus, hacia 1488. Palau y Dulcet, 1948, núm. 17713.

[17] Sobre esta, Palau y Dulcet dice que se trata de una edición barcelonesa titulada *Art de be morir,* impresa hacia 1493, a cargo de Juan Rosembach, en formato 4.°, letra gótica, 32 h. de 27 líneas, con 11 grabados en madera. El único ejemplar conocido «existe en la Biblioteca de Cataluña. Antes perteneció a D. Mariano Aguiló y Fuster, quien calculaba erróneamente, que se había impreso en Valencia, 1491. Su hijo D. Ángel Aguiló hizo una reproducción en: B., Societat Catalana de Bibliofils, 1905, 4.°, gót. 22 h. 11 grabs., tirada de 250 ejemplares en papel de hilo, 6 en pergamino, 20 en papel Japón y 32 especiales para los socios. Los primeros eran frecuentes en comercio hasta 1940 por 20 pts. Un ejemplar con encuadernación Kiffer, 280 fcrs. Fouché-Delbosc, 1936». Palau y Dulcet también señala que existe una edición de Valencia, por Nicolau Spindeler, 1497, descrita por Mariano Aguiló, en su *Catálogo de obras en lengua catalana,* pero de la que no se conoce ningún ejemplar (Palau y Dulcet, 1948 núms. 17662 y 17663). Sobre esta edición, *Art de be morir.* [Barcelona?, Pablo Hurus?, ca. 1493?], Penney, señala una reproducción facsimilar de Barcelona: Ediciones Torculum, 1952. Ver Penney, 1965, p. 41.

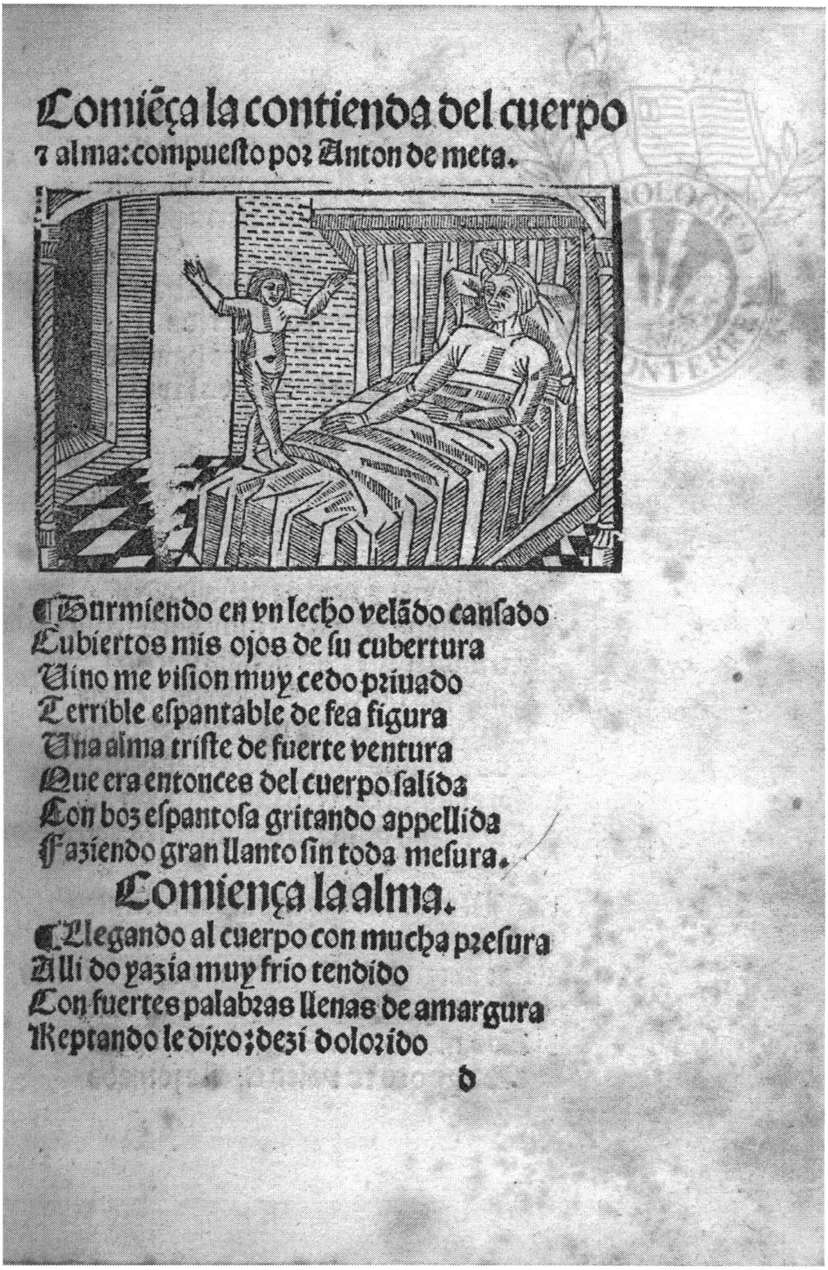

Comiēça la contienda del cuerpo
⁊ alma: compueſto poꝛ Anton de meta.

¶ Durmiendo en vn lecho velādo canſado
Cubiertos mis ojos de ſu cubertura
Vino me viſion muy cedo priuado
Terrible eſpantable de fea figura
Vna alma triſte de fuerte ventura
Que era entonces del cuerpo ſalida
Con boz eſpantoſa gritando appellida
Faziendo gran llanto ſin toda meſura.

Comiença la alma.

¶ Llegando al cuerpo con mucha preſura
Alli do yazia muy frio tendido
Con fuertes palabras llenas de amargura
Reptando le dixo: dezi dolorido

d

Figura 4. Portada de *La contienda del cuerpo y alma*.
Ejemplar de la Biblioteca Cervantina, Tecnológico de Monterrey (d1r.).

De *La contienda del cuerpo y alma* de Antón López de Meta encontramos otras dos ediciones: una que pertenece a la colección del marqués de Morbecq (Ex Quaritch), que no hemos podido consultar, y otra resguardada actualmente en la British Library (ver figura 5)[18].

A propósito del ejemplar de la edición de *La contienda del cuerpo y alma* de Antón de Meta, que se encuentra en Londres en la British Library[19], Rodríguez Moñino, señala:

> Hay dos ediciones anteriores del mismo texto incluidas con otras obras similares y que por su brevedad permiten sospechar otras ediciones exentas, hoy perdidas, en pliego suelto. La primera de ellas tiene signaturas «hj-hij-hiij», diez hojas, y no se conoce el resto del libro, Marqués de Morbecq (Ex Quaritch), que puede ser de Zaragoza, George Coci, hacia 1505, cf. Rodríguez-Moñino, «Morbecq», 1962, págs. 99-101; la segunda se encuentra, con signaturas «d» de «8 ff.», a continuación de un *Arte de bien morir* impreso en Toledo en 1500, ejemplar de Joaquín García Icazbalceta, cf. Rodríguez-Moñino, «Morbecq», 1962, págs. 99-101.[20]

Martín Abad sitúa la edición del ejemplar del marqués de Morbecq en la entrada López de Meta, Antón: [*Contienda del cuerpo* ꝛ *de la alma.*] [Zaragoza, Jorge Coci, c. 1505.][21]. En esta entrada, Martín Abad señala, recordando las afirmaciones de Rodríguez-Moñino, que las signaturas hj-hij-hiij demuestran que han sido separadas de un impreso de mayor extensión y que «[...] creemos que no ha sido registrado en las bibliografías de incunables. Si le consideramos aquí, aunque en forma somera, es porque más adelante se convirtió en pliego suelto, del cual conocemos una edición que se halla en el British Museum situándola hacia 1520 [V. núm. 955]». Aunque Martín Abad, siguiendo a Quaritch, ubica la edición en el año de 1505 y, por tanto, a cargo de la imprenta de Jorge Coci, nosotros conservamos, de acuerdo con el resto de la crítica especializada, el año de 1489, debido a que Martín Abad solo plantea la duda, pero no ofrece argumentos sobre el análisis material de esta edición, que concluyan que realmente se realizó en 1505. Por otro lado, parece tener sentido la suposición de Norton acerca de que el fragmento que se conoce como la

[18] Antes British Museum.

[19] Registrada también por Simón Díaz, 1984, núm. 5693.

[20] Rodríguez-Moñino, 1997, núm. 366.

[21] Martín Abad, 2001, p. 343.

primera edición de *La contienda del cuerpo y alma,* de Antón de Meta, de la colección del marqués de Morbecq, pudo ser la última parte de la edición del *Arte de bien morir y breve confesionario,* Zaragoza, Hurus, 1488-1491[22].

Asimismo, en la entrada 955, aludida inmediatamente arriba, Martín Abad registra la edición correspondiente al ejemplar de la British Library (sign. C.58.3.38) con la asignación a la imprenta toledana de Juan Villaquirán, entre 1515-1520. Este ejemplar «perteneció previa y sucesivamente a M. Jean Nicolas Beaupré y Charles Fairfax Murray»[23].

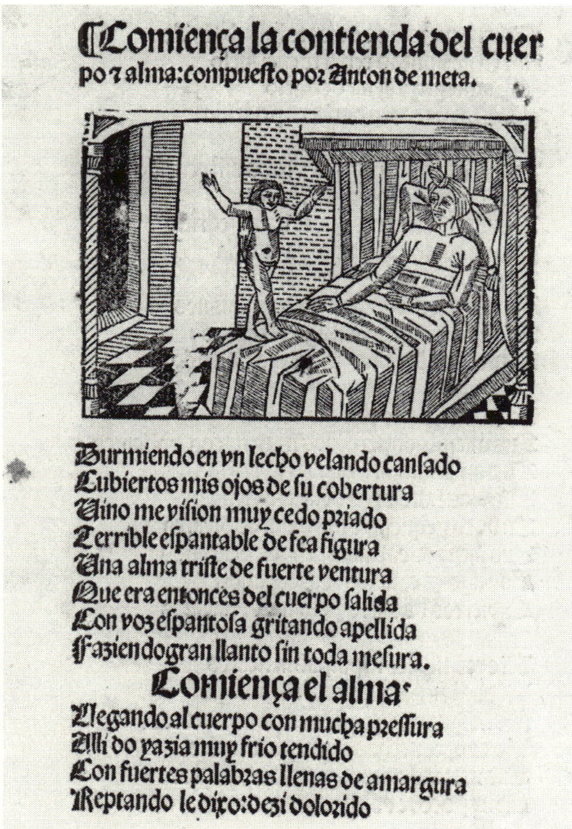
Comiença la contienda del cuer
po y alma: compuesto por Anton de meta.

Durmiendo en vn lecho velando cansado
Cubiertos mis ojos de su cobertura
Vino me visión muy cedo priado
Terrible espantable de fea figura
Una alma triste de fuerte ventura
Que era entonces del cuerpo salida
Con voz espantosa gritando apellida
Faziendo gran llanto sin toda mesura.
Comiença el alma
Llegando al cuerpo con mucha pressura
Alli do yazia muy frio tendido
Con fuertes palabras llenas de amargura
Reptando le dixo: dezi dolorido

Figura 5. Portada de *La contienda del cuerpo y alma.*
Ejemplar de la British Library (a1r.).

[22] Jones, 1963, p.113.
[23] Martín Abad, 2001, p. 343.

Habíamos puntualizado arriba la coincidencia tipográfica entre los impresos del taller de Pedro Hagenbach entre 1500 y 1503 con el incunable de la Biblioteca Cervantina. Pero resulta interesante observar también, en las figuras 4 y 5, las coincidencias en el deterioro del grabado xilográfico del cuerpo tendido en una cama y el alma en figura de niño a la derecha del pie de la misma, todo dentro de un marco de filete simple en ambas ediciones (recordemos: [Pedro Hagenbach], Toledo, 1500, de la Biblioteca Cervantina y pliego suelto sin indicaciones tipográficas, pero [Toledo, Juan Villaquirán, c. 1515-1520], de la British Library). Obsérvese el desgaste en el centro superior del marco de filete simple: el daño del piso ajedrezado cerca del extremo izquierdo de la cama y la ligera fisura ubicada en el centro del marco externo de la ventana. Por lo que las coincidencias en el desgaste del grabado demuestran que se trata de la misma pieza o taquito.

Como ya hemos indicado también anteriormente, la única imprenta activa en Toledo en el año de 1500 fue la de Pedro Hagenbach, por lo que resulta lógico que de esta haya salido el incunable de la Biblioteca Cervantina, pero llama la atención que el mismo grabado xilográfico aparezca 15 años después, al menos, en otra edición de la misma obra; ahora en formato de pliego suelto y como edición exenta. Esta situación es rara, pero comprensible, ya que «hacia 1512 Juan Villaquirán se hace cargo, junto con Nicolás Gazini, de la imprenta del sucesor de Hagenbach en Toledo»[24]. A partir de 1513 Villaquirán y Gazini se separan, y el material queda en poder de Villaquirán, quien lo sigue utilizando en diversas ediciones[25].

Otro elemento que llama la atención en el impreso de Villaquirán es la inclusión del grabado xilográfico en el vuelto de la última hoja (ver figura 6). Se trata de la imagen de un esqueleto con restos de músculos, caminando entre varios cráneos, entre ellos los de un obispo, un papa y un rey, grabado que no aparece en la edición de Hagenbach. Desconocemos si la decisión de incluir el grabado fue elección del autor o del editor, pero su presencia pone de manifiesto la relación del tema del horror ante la muerte física y la descomposición de la carne con la poesía de la época. Y, en este sentido, la pieza iconográfica otorgaría un nuevo elemento de lectura o interpretación al texto[26].

[24] Delgado Casado, 1996, núm. 928.

[25] Delgado Casado, 1996, núm. 928.

[26] Como explica Ariès, con el desarrollo del tema del horror de la muerte física y la presencia del cadáver putrefacto, «los poetas toman conciencia de la presencia

Figura 6. Imagen de la edición de *La contienda del cuerpo y alma,* 1520. Ejemplar de la British Library (a8v.).

Pues bien, la revisión demuestra que con el ejemplar de la Biblioteca Cervantina nos encontramos ante la primera edición del *Arte del bien morir,* sin autor identificado (pudo estar declarado en la portada o en la h. con sign. a1, pero recordemos que se encuentra mútilo e inicia en a2), de la que no hemos encontrado ningún otro testimonio anterior, ni posterior. Y ante la segunda edición de *La contienda del cuerpo y alma* de Antón de Meta, de la que existen otras dos ediciones. La primera perteneciente a la colección del marqués Morbecq, que no hemos podido consultar, sin indicaciones editoriales, pero presumiblemente [Zaragoza, Jorge Coci, *c.* 1489]; y, la tercera, sin indicaciones tipográficas, pero [Toledo, Juan de Villaquirán, c. 1515-1520].

Por lo tanto, ante la ausencia de más testimonios, presentamos en este trabajo la edición filológica del *Arte de bien morir,* y la edición crítica de *La contienda del cuerpo y alma,* de Antón de Meta, la cual se ha realizado sobre la base de los testimonios de la primera y la tercera edición de esta obra poética.

universal de la corrupción: está en los cadáveres, pero también en el decurso de la vida, en las funciones corporales…» (Ariès, 2000, p. 53).

Figura 7. Dos imágenes de la edición de 1489.
Colección del marqués de Morbecq, fols. 1 y 2.

«Recuerda que has de morir»: los *Ars moriendi* en la literatura medieval española

Por ende todo hombre avisado sea
en fazer buenas obras y siga bondad,
e deja al mundo y a su ralea
que todo es lleno de gran vanidad.
E los que moran en fe y verdad
sean bien guardados de penas crueles
e irán al coro do son los fieles
delante de Dios padre y de su majestad.

Tanto el *Arte de bien morir* como *La contienda del cuerpo y alma,* que presentamos, forman parte de una tradición que se vio reflejada a lo largo de la Baja Edad Media y principios del Renacimiento en diversas manifestaciones artísticas, como las artes plásticas y la literatura: el *Memento mori,* «recuerda que has de morir».

Para el lector contemporáneo acostumbrado a que la expectativa de vida ha aumentado en forma notable y que vivimos en países en los que se presenta una tasa de mortalidad bastante baja comparada con la de siglos anteriores, reflexionar sobre la muerte es un pensamiento constantemente aplazado, casi morboso y más aún cuando se trata de nuestra propia muerte. Sin embargo, esto no era así en la Europa medieval,[27] ya que durante este período de la historia de la humanidad, la muerte era una realidad omnipresente: las guerras y los trabajos forzados; las epidemias como la peste y la lepra; las malas condiciones de higiene; las hambrunas prolongadas y la deficiente nutrición hacían que las grandes mortandades fueran una realidad constante que obligaba al hombre a recapacitar, no solo sobre su propia muerte, sino sobre lo que vendría después.

Reflexionar sobre el tránsito de la muerte y sobre la vida futura era una obligación para todos los creyentes, ya que ambos: tránsito y vida futura, dependen en el pensamiento cristiano de la forma de vida. El que no había cumplido con los mandamientos de la ley de Dios y de la Iglesia, y no estaba preparado para arrepentirse y confesarse en el último momento, bien podía terminar en el infierno, con la certeza de que sería condenado y torturado por el resto de la eternidad.

Si, por el contrario, el cristiano había sido piadoso, había cumplido con los mandamientos y con las obras de misericordia, le esperaba el Paraíso, y sería recompensado por los siglos de los siglos. Por lo tanto, dadas las consecuencias de una forma de vida u otra, no es para nada sorpresivo que a lo largo de la Edad Media hayan proliferado imágenes y textos literarios que estaban destinados a recordar a sus destinatarios una única certeza: su propia mortalidad.

En las artes gráficas las imágenes destinadas al *Memento mori,* en las que la muerte se presenta como un personaje que llama a los vivos a su tránsito final, aparecieron en grabados y en esfinges funerarias, en iglesias y conventos, en los cementerios y en las tumbas. En la literatura nos encontramos con un grupo de textos que, aunque diversos en sus usos y sus contenidos tenían la finalidad de recordar a sus destinatarios la inminencia de su muerte. El grupo más popular al final de la Baja Edad Media es, sin duda, el conocido como danzas de la muerte o danzas macabras, obras para ser representadas en las que aparece la Muerte como un personaje democratizador que alterna con una serie de seres humanos de diversos estamentos sociales a los que les ha llegado la hora de morir. En un principio, estos textos eran materia de representación escénica y fueron muy populares, no solo en Castilla, sino también en Italia, en Francia y en Alemania.

[27] En Gran Bretaña, por ejemplo, un hombre común que hubiera superado los 20 años podría esperar una media de vida de entre 30 o 40 años. Hillard Kaplan, 2000, pp. 156-185.

En la literatura española, la más antigua de las danzas conocidas data del siglo XIV y se encuentra en un manuscrito del monasterio de El Escorial[28]. En esta danza de la muerte, el prologuista del códice anticipa que la obra «tracta de commo la muerte (dise) avisa a todas las criaturas que paren mientes en la breviedad de su vida, e que della mayor cabdal non sea fecho que ella merece»[29]. En otras palabras, la obra, como tantas otras de su época, está destinada a mantener vivo en los hombres el recuerdo de la muerte.

Como parte de los textos religiosos destinados a recordar al hombre su fin inminente tenemos los artes del bien morir, que suelen ir acompañados de breves confesionarios y en alguna ocasión de composiciones poéticas pertenecientes al género del debate; como es el caso de la edición toledana de 1500, que aquí se presenta, que contiene *La contienda del cuerpo y alma* de Antón López de Meta.

Los debates medievales tenían un marcado carácter dramático, consistían en enfrentamientos dialogados entre dos antagonistas que defendían un punto de vista opuesto al de su adversario, tratando de convencerlo de que sus argumentos son irrefutables. Los protagonistas «podrían ser indistintamente figuras de la vida real o personificaciones alegóricas según el tema discurrido»[30]. En los debates entre el alma y el cuerpo, ambos personajes se culpan mutuamente sobre su condena inminente, ya que cada uno de ellos tiene la certeza de que fue el otro el responsable de la vida disoluta que ambos llevaron, sin nunca detenerse a pensar en las consecuencias que ella pudiera tener al enfrentarse al juicio personal.

Cyril A. Jones, en un artículo publicado en la revista *Miscellanea di Studi Ispánici* titulado «Algunas versiones más del debate entre el cuerpo y el alma» indica que «La primera versión conocida del debate entre el cuerpo y el alma, una de las formas predilectas del debate medieval, se remonta al siglo X, y está incluida en el Exeter Book»[31].

En la Europa medieval existen diferentes debates en los que se enfrentan el cuerpo y el alma, entre ellos el titulado *Visio Philiberti,* un

[28] Códice b IV, 6, 21. Fue editada en el siglo XX por M. Rivadeneyra, en *Poetas castellanos anteriores al siglo XV*. Biblioteca de Autores españoles, t. 57, Madrid, 1864.

[29] Danza, en *Poetas castellanos anteriores al siglo XV*, 1864, p. 379.

[30] Franchini, 2001, p.11.

[31] Jones, 1963, pp. 110-111. El *Exeter Book,* también conocido como *Codex Exoniensis,* es un manuscrito del siglo X que se encuentra en la biblioteca de la Catedral de Exeter. Contiene una antología de poesía anglosajona.

poema latino de finales del siglo XII o principios del XIII concebido en forma de un sueño en el que el alma y el cuerpo se culpan por los errores que ambos cometieron en vida; un poema francés titulado *Un samedi par nuit* en el que el narrador también describe un sueño en el que el cuerpo y el alma de un difunto se enfrentan culpándose de sus errores; y una redacción noruega, todas del siglo XII. «Entre las derivaciones posteriores figuran una refundición francesa, un debate provenzal, tres versiones inglesas, dos alemanas, una croata y otra danesa»[32].

Jones subraya que «La versión más antigua que se ha encontrado en la Península Ibérica es, sin embargo, un fragmento publicado por primera vez por el marqués de Pidal en 1856[33], y luego reeditado por varios otros investigadores, entre ellos don Ramón Menéndez Pidal, quien sugirió la posibilidad de que la obra pudiera remontarse a mediados del siglo XII»[34].

De los testimonios españoles que alcanzan mayor difusión podemos destacar la *Visión de Filiberto,* que es traducción del poema latino citado antes, *Visio Philiberti,* también llamado *Dialogus inter corpus et animam:* «cuya ascendencia puede localizarse en el siglo XIV y [es] atribuida desde un principio a Juan Ruiz Arcipreste de Hita; y la *Revelación de un ermitaño,* también del siglo XIV y atribuida anteriormente al Rabí Sem Tob»[35].

Sin embargo, *La contienda del cuerpo y alma* de Antón López de Meta, de la que aquí se publica la versión toledana de 1500, es un poema que, aunque relacionado con los antes mencionados por el tema, no puede considerarse como una derivación directa de los debates antes mencionados. Andrew M. Beresford considera que es el último en una serie de debates hispánicos medievales, y el único ejemplo del género del siglo XV que ha llegado hasta nuestros días:

> This is the only surviving example to lack a direct textual relationship either to the Anglo-Norman *Un samedi par nuit* or to the Latin *Dialogus inter corpus et animam,* one wonders why its individual merits have been for so long ignored[36].

[32] Orazi, 2000, p. 204.

[33] La edición de 1856 de Pedro José Pidal se publicó bajo el título de «Fragmento inédito de un poema castellano antiguo» en el *Diario español* del 22 de junio. Menéndez Pidal, 1976, p. 166.

[34] Jones, 1963, pp. 110-111.

[35] Jones, 1963, p. 111.

[36] Beresford, 1997, p. 139.

El texto de Antón López de Meta se diferencia de sus antecesores debido a su considerable extensión: 344 versos; la introducción de otros personajes: un ángel que viene a solucionar el debate y una turba de demonios que se llevan al alma al castigo eterno; así como la estructura general del texto y las estrategias retóricas de la forma de argumentar de los personajes. Esto se tratará más adelante.

En cambio, los artes del bien morir suelen ser textos destinados a la preparación para el tránsito de la muerte. En ellos el destinatario encontraba una serie de consejos en los que se le avisa de lo que había de esperar en ese momento crucial de su vida y, con ello, se le prepara para tan decisivo acontecimiento. Suelen ser traducciones o adaptaciones de una obra escrita en latín, el *Ars moriendi* (c. 1450), cuyo propósito era también informar a la gente sobre lo que había de esperar en su tránsito a la muerte, una especie de manual que advertía sobre los diferentes estadios del trayecto final para los que el moribundo debía estar preparado. El texto instruía a sus receptores sobre lo que habían de hacer en las últimas horas de la vida, de acuerdo con los preceptos cristianos de fines de la Edad Media[37].

Los artes del bien morir fueron editados en Alemania desde 1475 y a partir de ese momento se realizaron traducciones al francés, al holandés, al castellano y al catalán. Todas estas diferentes versiones, de alguna manera, son testimonio de la amplia aceptación que tenía este tipo de textos a finales del siglo xv[38]. Hoy día, la versión castellana más difundida procede de un incunable publicado en Zaragoza por Pablo Hurus entre 1480 y 1484[39], que se encuentra en la Biblioteca de El Escorial cuya edición electrónica ha sido publicada por E. Michael Gerli en el portal Labyrinth de la Universidad de Georgetown. Existe también una edición de Francisco Gago Jover publicada en 1999[40].

[37] Gerli y McDonald, 2007. Introducción a su edición electrónica del *Arte del bien morir.*

[38] Gerli y McDonald, 2007. Introducción a su edición electrónica del *Arte del bien morir.*

[39] Haebler, Konrad. *Bibliografía ibérica del siglo xv,* 2 vols., Leipzig/Den Haag, Martinus Nijhoff, 1903.

[40] *Arte de bien morir y breve confesionario* (Zaragoza, Pablo Hurus: c. 1479-1484), según el incunable de la Biblioteca del Monasterio de San Lorenzo de El Escorial, Ed. Francisco Gago Jover, Enrique Lázaro, Palma de Mallorca, Universitat de les Illes Balears/Editorial Olañeta, Medio Maravedí, Biblioteca de Textos Medievales y del Siglo de Oro, vol. 2, 1999.

Además del *Arte de bien morir* según el incunable de la Biblioteca del Monasterio de San Lorenzo de El Escorial editado por Gerli y el de Gago Jover, han llegado hasta nosotros cuatro incunables más publicados en la Península Ibérica:

> One printed by Pablo Hurus at Zaragoza in 1489 (Haebler 37, belonging to the Bodleian Library); two 1493 Zaragoza editions in Catalan by Pablo Hurus (Haebler 37 [5]); and a final one by Nicolás Spindeler published at Valencia in 1497 (Vindel III, nº 69)[41].

Estos cuatro son anteriores a la versión toledana de 1500 que aquí presentamos. Diferentes versiones se siguieron editando a lo largo de los siglos XVI y XVII, entre ellas una titulada *Espejo y Arte muy breve y provechoso para ayudar a bien morir en el incierto día y hora de la muerte,* compuesto por fray Jaime Montañés, impreso en Valencia en casa de Joan Navarro en el año de 1565. Del siglo XVII podemos citar el *Arte de ayudar y disponer a bien morir a todo género de personas dividido en tres tratados...*, publicada en Roma en 1608 por Juan Salazar. Encontramos también un *Arte de bien morir, en que se trata de las reglas, apercebimientos, ejercicios, devociones [...] para la buena muerte* de Jerónimo Gracián de la Madre de Dios, en Bruselas, 1614; o el *Arte de bien morir y guía del camino de la muerte,* compuesta por Antonio de Alvarado en Navarra, 1615, por poner solo algunos ejemplos.

Según el caso, podría tratarse de versiones largas o cortas del mismo tema. Las versiones largas solían titularse tratados o espejos, y en ellas se suelen encontrar exhortaciones para contemplar el sufrimiento y la muerte de Jesucristo como un espejo de la propia muerte e indicaciones precisas de cómo debe de actuar el confesor o la persona que es llamada para acompañar al que agoniza. En todos los casos se asume que el trance de la muerte es un pasaje peligroso en el que hasta el hombre más piadoso y mejor preparado puede llegar a tener una crisis de fe, por lo tanto, estos tratados se asumían como guías que preparaban y acompañaban al doliente para que pudiese alcanzar la vida eterna.

[41] Gerli y McDonald, 2007. Introducción a su edición electrónica del *Arte del bien morir.*

La función doctrinal del *Arte de bien morir*

Si nos situamos en la habitación del moribundo, como propone Philippe Ariès en su libro *Historia de la muerte en Occidente,* comprenderemos que tener un *Arte de bien morir* a la mano resulta de vital importancia, ya que a lo largo de los siglos XV y XVI estos textos son guías sobre la manera de transitar con éxito hacia la eternidad[42]. Su iconografía, tanto textual como gráfica nos remite a un imaginario que implica agonizar en el lecho, la concepción sobre la muerte, tal vez, más anhelada en la Europa medieval. Sobre la primera interpretación de estas imágenes, nos dice Ariès:

> Es la de una lucha cósmica entre las potencias del bien y las del mal, que se disputan la posesión del moribundo, en tanto que éste asiste al combate como un extraño, a pesar de ser él mismo lo que está en juego. Esta interpretación viene sugerida por la composición gráfica de la escena en los grabados de las *ars moriendi*[43].

Pero, si leemos con atención no solo las leyendas, como propone Ariès, sino los textos que acompaña a los grabados, nos damos cuenta de que en realidad es el individuo el que está librando su última batalla. Dado que de su desenlace depende en gran medida su vida futura, resultaba tan importante prepararse primero, para bien vivir y posteriormente, bien morir. De ahí la enorme difusión que los textos derivados de la versión latina del *Ars moriendi* tuvieron durante la Baja Edad Media.

El *Arte de bien morir* que aquí analizamos y cuyo autor desconocemos, es una versión corta de lo que en el siglo XV circulaba bajo el nombre de *Ars moriendi.* Las versiones largas, como *De arte bene moriendi, libri duo* (Roma, 1620), escrita en latín por el cardenal Roberto Belarmino y traducida al castellano por el padre Alonso de Andrade[44], suelen estar divididas en dos grandes apartados o libros. En el primer libro, Belarmino trata sobre los diferentes «Preceptos para cuando estamos sanos» que nos llevarán a lograr una buena muerte, tales como vivir bien; morir al mundo; poner en orden los propios documentos y desprenderse de las riquezas temporales. Explica también los diversos instrumentos que el hombre tiene para bien vivir, como son las vir-

[42] Ariès, 2000, p. 47.
[43] Ariès, 2000, p. 49.
[44] Belarmino, 1881.

tudes morales, la oración, el ayuno, la limosna, cada uno de los sacramentos y, algo muy importante, la devoción a la Virgen María. En el libro segundo Belarmino aborda los diversos preceptos para conseguir una buena muerte y estos van desde la meditación sobre la muerte y el juicio final; la reflexión sobre el infierno y la gloria; la elaboración del testamento; hasta la confesión de los pecados y la recepción de los sacramentos de la eucaristía y la extremaunción, para después abordar las tres tentaciones del demonio y los medios para vencerlas. Finalmente concluye con las consideraciones de enfrentarse a una muerte feliz o infeliz.

En España se publica el primer *Arte de bien morir* entre 1479 y 1484 en Zaragoza, en la imprenta de Pablo Hurus. Esta obra, cuyo único ejemplar se encuentra en la Biblioteca del Monasterio de San Lorenzo de El Escorial, así como la edición de 1500, son versiones cortas, y aunque muestran grandes paralelismos, difieren entre sí en su contenido de tal manera que podemos sin lugar a dudas afirmar que se trata de dos versiones distintas que proceden de la misma tradición latina, a saber, el *Ars moriendi*.

La primera diferencia que observamos radica en el hecho de que la edición que se resguarda en la Biblioteca del Monasterio de El Escorial (1479-1484) se inicia con un Prohemio en el que el autor establece que ha realizado la traducción del texto latino para poner su contenido al alcance de «las personas carecientes de letras latinas» para su instrucción y doctrina, ya que «la muerte [corporal] en ninguna manera se puede comparar a la muerte dela ánima»[45]. La edición toledana de 1500, en cambio, por tratarse de un texto mutilo, carece de introducción o prólogo e inicia en el folio 2a[46].

Ambos textos se valen de citas de autoridad, entre las que aparecen tanto las enseñanzas de los evangelistas, como los padres de la Iglesia y los filósofos de la Antigüedad. Mientras que la edición de Zaragoza recurre con frecuencia a san Agustín, san Bernardo, san Gregorio, san Paulo y san Juan, la edición de Toledo, para sustentar sus argumentos, recurre a un espectro más amplio de autoridades, como Agustín, Séneca, san Pablo, san Juan, san Albino, san Anselmo, Isidoro de Sevilla y

[45] *Arte de bien morir y Breve confesionario,* 1479-1484, fol.1 r.

[46] *Arte de bien morir* y *La contienda del cuerpo y el alma,* 1500. A partir de este momento las citas de esta obra aparecerán en el texto. Se pueden cotejar con la edición que aquí presentamos. Como se trata de una obra carente de foliación y paginación se remite a las signaturas.

algunos personajes del Antiguo Testamento como Abraham, Isaac, Job y Jacob. En ambos textos, los Evangelios y las enseñanzas de Jesucristo están presentes, con lo que se destaca su valor formativo sustentado en la doctrina cristiana.

Ambos textos despliegan un escenario en el que, en los últimos momentos de la agonía del moribundo, el demonio, «padre de mentira», se presenta ante el lecho de muerte para intentar apartarlo de la gloria eterna, como podemos ver en la edición toledana de 1500:

> Habéis de saber que los que están para morir, cuando viene el extremo paso han más graves tentaciones cuales no hobieron en toda su vida. Y son estas tentaciones cinco. La primera es en la fe, por cuanto aquella es fundamento de toda nuestra salud [...] tamaña fuerza está en la fe, que sin ella ninguno salvarse puede. Por tanto, el demonio con todas sus fuerzas trabaja en apartar de aquella el hombre que está a la muerte, o a lo menos se esfuerza en facerlo dubdar en ella, o trabaja en engañarle con algunos errores vanos que saben a herejía. E segund dice Albino, el diablo entre las otras tentaciones face esta señaladamente: Que dubde en la fe católica y que no creo otra vida venidera, porque así engañado y vencido pueda sin temor alguno cometer cualquier pecado (a3r-a3v).

En la edición de Toledo de 1500 el moribundo no se encuentra solo; para librar esta batalla cuenta con el apoyo de su asistente, quien, con el volumen del *Arte de bien morir* en la mano, deberá tranquilizar al doliente e intentar que muera en paz para que de esa forma no ceda ante las tentaciones. Pero, sobre todo, el individuo cuenta con su ángel guardián quien, para cada una de las tentaciones, contará con un remedio eficiente. Dichos remedios se encuentran contenidos en el libro, y el asistente deberá leérselos al moribundo para que pueda enfrentarse a cada una de las tentaciones. En la edición que nos ocupa, la primera tentación del demonio sobre la fe sigue un apartado titulado «Capítulo de la buena inspiración del ángel contra la susodicha tentación» (a4r).

Es en este apartado, el de las tentaciones y sus remedios, en el que encontramos más coincidencias entre las dos versiones, ya que en ambas obras se trata de cinco tentaciones y no de tres, como en la versión larga de Roberto Belarmino que se mencionó antes. En ambas obras coincide el tipo y el orden de las tentaciones y de los remedios, pero, aunque en esencia las tentaciones y los remedios son los mismos, en ningún caso coincide la redacción del texto como podemos ver en el cuadro siguiente:

Edición toledana de 1500	Edición de Zaragoza 1479-1484 Biblioteca de El Escorial
De la primera tentación que es dela fe.	Commo el diablo tempta en el articulo dela muerte cerca dela fe.
Capítulo de la buena inspiración del ángel contra la suso dicha tentación.	Dela buena inspiracion del angel cerca dela fe contra la primera temptacion del diablo.
De la segunda tentación. Que es desesperación.	Dela temptacion del diablo cerca dela desesperacion.
Capítulo de la buena inspiración del ángel contra esta tentación.	Dela buena inspiracion del angel contra la desesperacion.
De la tercera tentación que es la impaciencia.	Dela temptacion del diablo de impaciencia.
Remedio contra la tentación suso dicha.	Dela buena inspiracion del angel de paciencia.
La cuarta tentación de vana gloria.	Como tiempta el diablo de vana gloria.
Remedio contra la susodicha tentación por inspiración del buen ángel.	Dela buena inspiracion del angel contra la vanagloria.
La quita tentación de la avaricia.	Dela temptacion del diablo de auaricia
Remedio contra la susodicha tentación por inspiración del buen ángel.	Dela buena jnspiracion del angel contra la auaricia.

Fe, desesperación, impaciencia, vanagloria y avaricia son entonces las cinco tentaciones destacadas por ambos textos. Las tres primeras están relacionadas con las virtudes teologales: fe, esperanza y caridad, y las dos últimas con los pecados capitales. Las virtudes teologales se refieren directamente a Dios y disponen al hombre a vivir en relación con la Santísima Trinidad. Tienen como origen, motivo y objeto a Dios. Son virtudes infundidas por Dios en el alma de los fieles «para hacerlos capaces de obrar como hijos suyos y merecer la vida eterna»[47].

[47] *Catecismo de la Iglesia Católica,* núm., 1812, <http://www.vatican.va/archive/catechism_sp/p3s1c1a8_sp.html> (consultado 16/01/2018).

La primera tentación va directamente en contra de uno de los fundamentos de la doctrina: sin fe ningún hombre puede salvarse, y es a partir de la fe que el hombre cree en todo lo que Dios ha revelado, como se afirma en el texto que aquí presentamos:

> ...imposible es sin fe agradar a Dios. Otrosí deben a esto traer al enfermo dos especias de provecho de fe. La primera es que la verdadera fe todas las cosas puede, según atestigua nuestro señor Jesucristo en el evangelio. Al que cree, todas las cosas son posibles. La otra es, que la verdadera fe, todas las cosas recabda, según dice el mismo Señor: Cualquier cosa que pidiéredes con la oración recabdaréis creyendo (a4r-a4v).

La esperanza y la caridad son motivo de reflexión en las siguientes dos tentaciones, ya que al ser la segunda tentación la desesperación, esta apunta directamente «contra la esperanza y confianza que debe el hombre tener en Dios. Por cuando el enfermo es atormentado de los dolores del cuerpo, entonces el diablo acrecienta dolor al dolor, retrayéndole sus pecados de la manera que puede para traerle a desesperación» (a4r). La esperanza es la virtud teologal por la que aspiramos a la vida eterna y al Reino prometido por el Padre.

La caridad en cambio se ve amenazada por la «tercera tentación que es la impaciencia, que es contra la caridad, con la cual somos obligados a amar a Dios sobre todas las cosas. Ca a los que mueren les acaecen graves dolores, ende más a los que mueren por muerte natural [...] lo cual parece manifiestamente los tales desfallecer en la verdadera caridad» (a6r). El Catecismo de la Iglesia explica que la caridad es la virtud teologal mediante la que «amamos a Dios sobre todas las cosas por Él mismo y a nuestro prójimo como a nosotros mismos por amor de Dios»[48]. El apóstol Pablo, en su Epístola a los Corintios, equipara la caridad con la paciencia, y agrega «si no tengo caridad, nada soy» (1 Co 13,1-7). De esta manera se puede entender que el autor de la edición toledana del *Arte de bien morir,* muestre que la caridad se ve afectada de manera directa si el moribundo se deja llevar por la impaciencia.

La cuarta y la quinta tentación son la vanagloria y la avaricia. Estas están relacionadas con dos pecados capitales, la soberbia y la avaricia; ambos son pecados en materia grave y apelan a vicios relacionados con

[48] *Catecismo de la Iglesia Católica,* núm., 1822, <http://www.vatican.va/archive/catechism_sp/p3s1c1a8_sp.html> (consultado 16/01/2018).

el deseo de posesión, la relación del hombre con el mundo y, sobre todo, con la resistencia a la muerte. La soberbia, vanagloria o egolatría, según nuestro texto, atormenta más a los devotos y religiosos y perfectos, que muchas veces se muestran complacidos con su propia vida, mientras que la avaricia es un pecado que atormenta más a los seculares y carnales, que suelen estar muy ocupados de los bienes temporales y no se encuentran dispuestos a desprenderse de ellos.

A partir de este punto las dos obras difieren en su contenido. En la edición de Zaragoza (1479-1484) que se encuentra en la Biblioteca del Monasterio de El Escorial sigue un capítulo undécimo «en que se contienen muchas buenas doctrinas y consejos para el que está en el punto dela muerte»[49], y a este último capítulo le sigue el *Breve confesionario* que se anuncia en el título del texto y con lo que termina el libro. Este Breve confesionario consta a su vez de trece capítulos.

En cambio, en la edición toledana nos encontramos con un tercer apartado dedicado a «Las preguntas que se deben facer a los que están al paso de la muerte» (a8r). Esta interpelación está diseñada para que el moribundo realice un propósito de enmienda y una profesión de fe mediante interrogantes y respuestas como las siguientes:

> ¿Crees que por ti morió Jesucristo nuestro señor? Responda: Creo. ¿Hácesle le por esto gracias de todo tu corazón? Responda: Hago. ¿Crees no poderte salvar sino por su muerte? Diga: Creo. Pues luego faz le gracias siempre mientra está tu alma en tu cuerpo (a8r).

Este apartado va seguido de una serie de oraciones y ruegos dirigidas a Jesús para conseguir el perdón de los pecados y con ello acceder a la vida eterna. También se encuentran formuladas a manera de una serie de preguntas y respuestas. El ejemplo siguiente basta para ilustrar lo dicho:

> ¿Crees que murió por ti nuestro señor Jesucristo y que non puedes salvarte sino por el mérito de su Pasión y haces desto gracias a Dios de corazón cuanto puedes? Responda: Creo y hágole desto gracias. E así, cualquier que a las susodichas interrogaciones con fe verdadera y no fingida respondiere afirmadamente, que de tener harta certidumbre de su salvación, si así muriere (b1v).

[49] *Arte de bien morir y Breve confesionario,* 1479-1484, fol. 19v.

En el cuarto apartado se realiza una meditación sobre «las cosas que Jesuchristo fizo moriendo en la cruz» (b2r), ya que en la muerte y el sufrimiento en la cruz del Salvador el hombre puede encontrar un espejo en el que se confrontan las propias angustias con las que sufrió Jesucristo y así se pueda meditar sobre la propia muerte. En el texto se enumeran cinco hechos que se encuentran consignados en los Evangelios: «fizo oración», «lloró», «echó una grand voz», «encomendó su alma al padre» y «rendió el espíritu», por lo que el enfermo debe:

> Así, el enfermo puesto en el artículo de la muerte debe a lo menos con el corazón, si con la palabra no puede, facer oración. E por eso dice Isidoro: Mejor es callando facer oración con el pensamiento sin pronunciar las palabras, que solamente con las palabras sin el sentido y corazón. Eso mesmo debe dar grandes voces con el corazón y no con la voz. Ca más mira Dios al deseo que al grito [...][...] Tercero: Debe llorar [...] con las lágrimas del corazón [...] Cuarto: Debe encomendar su alma a Dios [...] Quinto [...] que reciba la muerte con paciencia, conformándose con la voluntad de Dios según conviene (b2r).

A continuación, se enumera otra serie de oraciones cortas para pedir misericordia a la Santísima Trinidad, a Dios Padre, al Hijo, la Virgen, los ángeles y los santos.

Los dos últimos apartados, el quinto y el sexto, están dedicados a la forma en que han de comportarse los deudos y todos aquellos que acompañan al enfermo a la hora de la muerte, ya que, si son personas que tienen «caridad, y temor y celo de las almas debe al prójimo, que está doliente y en peligro de perder la vida, amonestar con gran diligencia, que principalmente todas las cosas dejadas se provea sin dilación de espiritual medecina, lo más presto que pudiere» (b3v-b4r). Se indica que el físico que atienda al enfermo tiene la obligación de advertirle sobre su muerte inminente, ya que eso lo llevará a ocuparse de arreglar sus asuntos materiales y espirituales, e incluso que no se debe de dar ningún tipo de medicina corporal antes de que el enfermo reciba de la medicina espiritual. Más aún, no se le deben dar al enfermo esperanzas de que pudiera llegar a curarse, para que este no se aferre a una quimera que lo podría distraer de la preparación para la vida eterna.

> Entiende, cualquier enfermo o otro puesto en peligro, se debe con gran estudio inducir y ser consejado que haga paz primero con Dios, recibiendo

la espiritual medecina (conviene a saber, los sacramentos de la iglesia con devoción), y haciendo su testamento y disponiendo sus cosas ordenadamente. E no le deben dar en manera del mundo mucha esperanza de la salud del cuerpo, cuyo contrario facen muchos, aun en aquellos que están al paso de la muerte, en gran peligro de las almas, por cuanto ninguno dellos quiere oír cosa alguna de la muerte (b4r).

En la sexta y última parte se enumera una serie de oraciones para pedir la misericordia de Dios. Como la muerte en la Baja Edad Media es un acto público y el enfermo no se encuentra solo, las oraciones las pueden decir sus familiares y amigos, que se encuentran alrededor de su lecho. Si el enfermo fuera un religioso, será necesario llamar con «la tabla» a la comunidad, que primero deberá de decir las letanías y los salmos, según su costumbre. Ahora bien, si el doliente fuere seglar, se dirán las oraciones que se transcriben a continuación y con las cuales termina el texto, no sin antes increpar a todos los creyentes para que en vida se preparen para la muerte mediante el estudio y consideración del presente tratado y la elección de un amigo o pariente, distinguido por su devoción, para asegurarse de que será él quien lo ayude a bien morir:

> Con diligencia cualquier católico debría tener cuidado, si espera firmemente la vida venidera, de proveerse de algún compañero o amigo devoto y conveniente, que en el fin de sus días le estoviese de cerca, para que le pusiese ánimo y esfuerzo en la fe, constancia, paciencia y devoción. Y que lo incitase y aganase tener confianza y perseveranza, y que en el paso de la muerte dijiese fielmente sobre él todas las oraciones susodichas con atención y devoción (b5v).

A continuación, se enumera otra serie de oraciones para encomendar el espíritu del doliente a Dios Padre, a Jesucristo, la Virgen, los ángeles y los santos, y al paso de la muerte. Con esto se da fin al *Arte de bien morir* de la edición Toledana de 1500.

La contienda del cuerpo y alma desde la cosmovisión medieval cristiana

Enzo Franchini, en su libro *Los debates literarios en la Edad Media* considera que Antón López de Meta, el autor de *La contienda del cuerpo y alma,* debió haber sido un personaje que se movía en círculos académicos, esto debido a que, en el texto, «Diversas huellas de una formación escolástica lo sugieren»[50]. Entre ellas tenemos una serie de argumentos relacionados con la autoridad del texto escrito: «E quiero probar por textos y glosas / De cómo tú debes damnada ser»[51] (vv. 119-120). Otra referencia interesante la encontramos en el momento en el que el cuerpo reprocha al alma que no bastarían sesenta pliegos para poner por escrito su negligencia y su mal vivir:

> Ya no bastarían de plegos sesanta
> do bien se pudiesen notar y screbir.
> Aquesto de cierto te puedo dezir
> que amos iremos después del juicio
> al lago profundo donde hay ejercicio (vv. 187-191).

Aparece también evidencia de esta corriente de pensamiento en el momento en que el Ángel se presenta a solucionar la contienda con una sentencia escrita, enviada por el mismo Dios, que por su brevedad sugiere que el autor es consciente de las características con la que ha de contar todo texto escolástico[52]:

> Traía en su mano un ordenamiento
> escrito venía según parecía:
> –Sentencia os traigo, de dentro decía,
> para que se acabe este combatimento.
>
> En pocas palabras y menos de ciento,
> la dicha sentencia venía escrita (vv. 285-290).

Además, consideramos que el autor debió haber sido un personaje versado en las ideas fundamentales del cristianismo, o al menos un estudiante de la materia, debido a que el texto está construido a partir de un amplio conocimiento de la doctrina cristiana y de los fundamentos necesarios para la salvación, y que ambos se suman al propósito catequético del mismo. Se trata de un texto que se encuentra estructurado a la luz de la cosmovisión medieval cristiana, en la que se presenta una

[50] Franchini, 2001, p. 155.

[51] *Arte de bien morir* y *La contienda del cuerpo y el alma*, 1500. A partir de este momento, las citas de *La contienda* se remiten al número de verso.

[52] Franchini, 2001, p. 156.

visión dualista que contrapone el cuerpo y el alma como dos entidades con independencia, una de carácter espiritual, el alma, y la otra de carácter terrenal, el cuerpo.

La estructura del debate consta de dos grandes secuencias, una secuencia marco que aparece al principio y al final del poema (vv. 1-12 y 281-344)[53] y una secuencia interna en la que se contiene el debate propiamente dicho. En los versos 1-12, con los que se abre el poema, un narrador anónimo da cuenta de cómo, durante el sueño, ha experimentado una visión reveladora en la que se enfrascan en una discusión el alma y el cuerpo de un difunto.

> Durmiendo en un lecho velando cansado,
> cubiertos mis ojos de su cubertura
> vino me visión muy cedo privado,
> terrible espantable de fea figura.
> Una alma triste de fuerte ventura,
> que era entonces del cuerpo salida
> con voz espantosa gritando apellida
> faziendo gran llanto sin toda mesura (vv. 1-8).

Ya desde esta primera octava queda establecido el contexto en el que ha de desarrollarse la acción, un contexto similar al del resto de los debates sobre este tema de los que ya hemos hablado. El narrador se ha quedado dormido y, en el sueño, pasa a tener una visión aterradora de un alma «terrible espantable de fea figura», que se presenta ante el cuerpo de un difunto con el que debatirá sobre su comportamiento en vida y sus mutuas culpas.

Del verso 281 al 344, de esta secuencia marco, el mismo narrador explica cómo la disputa se soluciona con la llegada de un ángel que aparece llevando en la mano una sentencia divina en la que queda decretado el castigo eterno, tanto para el cuerpo como para el alma, ya que ambos son responsables de las culpas cometidas a lo largo de la vida.

La secuencia interna, que es la más larga del poema, está comprendida entre los versos 13 y 280, y a su vez está formada por diversos conjuntos significativos en los que tanto el cuerpo como el alma argu-

[53] Con una pequeña intervención que se presenta en los versos 105 al 112, en el que el narrador introduce al segundo personaje, el cuerpo, para que dé su respuesta a los argumentos del alma.

mentan sobre quién de los dos es culpable de la mala vida que ambos llevaron, misma que a la hora del juicio los conduce irremediablemente al castigo eterno.

Los conjuntos significativos de los que está formada esta secuencia interna están a su vez divididos en dos grupos. Por una parte tenemos la deliberación sobre la realidad de la muerte, en la que se incluyen reflexiones sobre la dualidad entre cuerpo y alma con 64 versos[54], la caducidad de lo terreno, a la que se le dedican 34 versos[55], y una reflexión sobre la retribución eterna, que cuenta con 114 versos[56]; en ella se enfrentan dos escenarios posibles, la condenación y la salvación.

La dualidad entre cuerpo y alma es un tema sobre el que nos tenemos que detener, ya que se trata de una concepción propia de la época que no ha permanecido en la doctrina contemporánea. Gracias a la idea de que existe una separación entre ambos, se puede construir el debate en el medievo, ya que ambas entidades pueden culpar a la otra por sus errores y desaciertos. La doctrina contemporánea considera que

> La persona humana, creada a imagen de Dios, es un ser a la vez corporal y espiritual. El relato bíblico expresa esta realidad con un lenguaje simbólico cuando afirma que «Dios formó al hombre con polvo del suelo e insufló en sus narices aliento de vida y resultó el hombre un ser viviente» (Gn 2,7).[57]

Sin embargo, esta idea no se generalizó durante los primeros siglos del cristianismo, y no es sino hasta el siglo XIV, en el Concilio de Vienne, cuando se establece que «La unidad del alma y del cuerpo es tan profunda que se debe considerar al alma como la "forma" del cuerpo» (ver Concilio de Vienne, año 1312, DS 902)[58]. Es decir, el cuerpo humano,

[54] Dualidad entre cuerpo y alma: vv. 113-140, 185-188, 201-220, 225-228, 233-236 y 277-280.

[55] Caducidad de lo terreno: vv. 13-46.

[56] Retribución eterna: vv. 47-50, 55-56, 97-104, 145-152, 161-168, 189-200, 221-224, 229-232, 237-256, 257-264, 271-276 y 291-320. Es necesario aclarar que, en algunas ocasiones, en un mismo verso se pueden encontrar dos de las categorías identificadas, por ejemplo, en el espacio dedicado a los pecados capitales puede existir también una reflexión sobre la retribución eterna, como sucede en los versos 257-264.

[57] *Catecismo de la Iglesia Católica*, núm., 362, <http://www.vatican.va/archive/catechism_sp/p3s1c1a8_sp.html> (consultado 28/12/20217).

[58] *Catecismo de la Iglesia Católica*, núm., 365, <http://www.vatican.va/archive/catechism_sp/p3s1c1a8_sp.html> (consultado 28/12/20217).

es tal gracias al alma espiritual. Ahora bien, *La contienda del cuerpo y alma* responde a una tradición que se remonta al siglo XII, anterior, por lo tanto, al Concilio de Viena.

Gracias a que la unidad del cuerpo y el alma no es reconocida a lo largo del poema y a la concepción de la dualidad, tanto uno como otro pueden reclamarse mutuamente la responsabilidad de la culpa:

> —O alma damnada de poca valía,
> ¿de dónde te viene a mi reprehender
> de lo que en la vida fazías cadaldia?
> Llamas me culpado sin mal merecer,
> porque brevemente quiero responder
> a tus palabras firmes y mintrosas
> e quiero probar por textos e glosas
> de cómo tú debes damnada ser.
>
> Verdad es que Dios me quiso facer
> de limo de la tierra, materia grosera.
> De tierra salí y tierra he de ser
> e ser retornado do primero era.
> Mas tu que veniste por ser guiadera
> de mi por quitarme de andar desterrado,
> porque consentiste fazer el pecado
> e no me guiaste por buena carrera (vv. 113-128).

Según esta concepción, el cuerpo, que es caduco, contingente, perecedero, depende de la voluntad del alma, que es de materia espiritual, inmortal. No es el cuerpo el que toma decisiones, sino el alma, ya que esta fue dotada de libre albedrío (san Pablo, *Romanos*, 7:19) por lo tanto, y según la concepción medieval, el cuerpo depende del alma para actuar.

La caducidad de todo lo terreno es una parte importante del poema, a partir de esto se construyen los primeros argumentos con los que el alma reprocha al cuerpo su mal comportamiento. Se incluyen en este conjunto significativo la caducidad de la carne, «Veo te negra y llena de duelo / pareces un trunco de tierra podrido» (vv. 15-16), o bien:

> La tu fuerza veo ya desfallecida,
> tus miembros perdidos muy flacos, dolientes,
> tu muy linda cara, donosa garrida,
> tus ojos tan claros, donosos rientes.

Tu boca pequeña y tus blancos dientes,
tus luengos cabellos primos delicados,
en angusta casa los veo lanzados,
cubiertos de tierra podridos sedientes (vv. 25-32).

Debido a su caducidad, el difunto es desairado incluso por los parientes más cercanos:

Veote que eres ya aborrecido
de padre y madre, mujer y hermanos.
Tus hijos, parientes, amigos cercanos
aquí te han lanzado ya medio podrido (vv. 21-24).

Esto significa que las relaciones humanas son caducas, como también lo son los bienes materiales que el difunto hubiese podido atesorar a lo largo de su vida:

Tus mercadurías y grandes caudales,
muy poco te valen en esta jornada,
ni te han podido tener emparada,
tus grandes riquezas bienes temporales.

¿Do son tus moradas y grandes casales,
y torres muy altas de cal y de canto?
¿Diversas monedas y muchos metales,
el mucho tesoro que llegues a tanto? (vv. 37-44).

Una vez establecido esto se presenta el otro gran tema del poema, que es la discusión sobre la retribución eterna, a lo largo de 114 versos, en los que domina la descripción del espacio al que van a dar las almas de los condenados. El alma recrimina al cuerpo haber pasado una vida regalada por culpa de la cual ella padece penas terribles. El infierno se define en el poema como un «lago profundo donde hay ejercicio / de fazer a las almas damnnar y perir» (vv. 191-92); un lugar «con gritos y llantos y gran apellido» (v. 248) en el que ambos «Seremos rostidos y muy tormentados» (v. 251), y en el que «para siempre nos quemará el fuego, /e no te valdrá llamarte cristiano» (vv. 255-256); un lugar en el que el cuerpo será «preso con fuertes cadenas, / serás tormentado con diversas penas, /que no habrán jamás ni fin ni riposo» (vv. 262-264). En fin, un espacio de tormento eterno para ambos contendientes. Según la línea de argumentación del cuerpo, es el alma, a quien Dios ha dado libre albedrío, la culpable de la condenación de ambos:

E a mí no puedes tú contradecir
que Dios no te diese franca libertad,
e dejó anchamente a tu voluntad
que tu pudieses bien y mal vivir.
E sabias cierto y es sin fallir
que viviendo bien la gloria ganabas,
e por el contrario, que al fuego trotabas,
donde estarás siempre jamás sin morir (vv. 193-200).

Todo esto se sustenta en la enseñanza evangélica a partir de las palabras de Jesús, quien con frecuencia habló del «fuego que nunca se apaga» (cf. Mt 5, 22.29; 13, 42.50; Mc 9, 43-48) y que ha sido reservado para aquellos que a lo largo de su vida rehúsan creer y convertirse, y donde se puede perder a la vez el alma y el cuerpo (cf. Mt 10, 28).[59]

Jesús también anuncia que «enviará a sus ángeles [...] que recogerán a todos los autores de iniquidad, y los arrojarán al horno ardiendo» (Mt 13, 41-42), y que pronunciará la condenación: «¡Alejaos de mí malditos al fuego eterno!» (Mt 25, 41)[60], asunto que también se retoma en la conclusión del poema:

De que la sentencia fue ya publicada,
fuese el ángel, dejó los en blanco.
Vino en un punto con una mesnada
un muy fiero diablo, echando un gran tranco.
E lanzó al alma en un fondo barranco,
que muy lleno estaba de fuego terrible,
pez regalada, zufre horrible,
e de agua sediente llenó un estanco.

Allí están trabando al alma mezquina
con grifos de fierro, y peines recientes,
plomo regalado, con pez y rasina.

[59] *Catecismo de la Iglesia Católica*, núm., 1034, <http://www.vatican.va/archive/catechism_sp/p3s1c1a8_sp.html> (consultado 28/12/20217).

[60] *Catecismo de la Iglesia Católica*, núm., 1034, <http://www.vatican.va/archive/catechism_sp/p3s1c1a8_sp.html> (consultado 28/12/20217).

Le lanzan de suso con flamas pudientes,
están le diciendo aquí para mientes:
—Tú que quesiste ser renegada,
que todos aquellos habrán tal soldada
que a nuestros decires son muy obedientes (vv. 305-320).

La descripción de este aterrador panorama de la condenación, sustentada en la escritura, tiene la finalidad de llevar al lector a la reflexión sobre la inminencia de la muerte y la necesidad de poner manos a la obra para conseguir la propia salvación. En otras palabras, nos encontramos frente a un poema que lleva a sus destinatarios de una forma velada a reflexionar sobre el mismo asunto que expone con mayor gravedad el *Arte del bien morir.*

El cómo alejarse de los peligros del pecado se presenta por la vía negativa a lo largo de tres conjuntos significativos, en los que se reflexiona sobre las faltas cometidas tanto por el cuerpo como por el ama. Entre ellas se encuentra la reflexión sobre los mandamientos no acatados, a la que se dedican 20 versos[61]; los pecados capitales cometidos, que se aborda en 30 versos[62]; y la omisión de las obras de misericordia, a la que se dedican 24[63]. Existen, además, 12 versos dedicados a la negligencia cometida por no acercarse a los sacramentos[64].

En el conjunto significativo, dedicado a las faltas cometidas, el autor sustenta la argumentación en un principio cristiano de la época, que sostiene que la vida futura depende de la forma de vida, y es la forma de vida la que dará derecho a la salvación o a la condenación eterna[65]. La primera consideración que aparece a este respecto está centrada en la obediencia a la voluntad de Dios, expresada en la formulación de los mandamientos, ya que si estos no han sido acatados, el hombre no tiene posibilidades de aspirar a la salvación:

Aun sabes bien que has quebrantado
los diez mandamientos que Dios ordenó.
Porque muchos dioses tú has adorado,

[61] Reflexión sobre los mandamientos: vv. 51-54, 89-96, 141-144 y 181-184.

[62] Pecados capitales: vv. 73-88, 257-264 y 265-270.

[63] Omisión de las obras de misericordia: vv. 57-72 y 153-160.

[64] Sacramentos: vv. 168-180.

[65] Esta es una concepción que cambia a partir del Concilio de Trento, en el que se establece que los méritos de las buenas obras son dones de la bondad divina (Cf. Concilio de Trento: DS1548).

e tú renegaste del que te formó.
E aun al padre que te engendró,
mucha deshonra y pesar le diste,
muy mal galardón sabes que le rendiste
a aquella madre que a ti parió (vv. 89-96).

Amar a Dios sobre todas las cosas y respetar al padre y a la madre son los mandamientos destacados en esta estrofa, que ha sido antecedida por una en la que, además de formular el mandamiento primario «Hacer el bien y evitar el mal», se apela también al 8° mandamiento:

Jamás en el mundo ni tanto, ni cuánto,
tú nunca te diste a fazer bondad.
Con baratería y poca verdad
tu vida feziste amando mentira,
por donde soy puesta por Dios en su ira,
damnada en infierno por tu torpedad (vv. 51-56).

En este orden de cosas, la referencia a los pecados capitales es también de enorme importancia, ya que, de acuerdo la doctrina cristiana, el pecado aparta al hombre de Dios y, por tanto, de la salvación eterna. Los pecados capitales son aquellos «que la experiencia cristiana ha distinguido siguiendo a san Juan Casiano (Conlatio, 5, 2) y a san Gregorio Magno (Moralia in Job, 31, 45, 87). Son llamados capitales porque generan otros pecados, otros vicios».[66]

Ca gran razón tengo de darte batalla,
pues paso tal pena por la tu malicia.
Tú menospreciando aquesta batalla
con siete pecados tomes amicicia.
Soberbia, lujuria, envidia, avaricia,
ira, y gula y aun con pereza.
En todos aquellos pusiste firmeza,
faziendo pesar al rey de justicia.

En el primero dende puericia,
todo temor de Dios posposado.

[66] *Catecismo de la Iglesia Católica*, núm., 1866, <http://www.vatican.va/archive/catechism_sp/p3s1c1a8_sp.html> (consultado 28/12/2017).

Reinó en ti siempre la mala cobdicia,
un muy cruel vicio y desordenado.
En tu mocedad has perseverado
en mal sobre mal, en mal ejerciendo.
Así has finido tu vida riendo,
sin fazer penitencia de algún pecado (vv. 73-88).

Esta es la forma de argumentación con la que el alma reprocha al cuerpo el haberse amistado con el pecado y comportado en forma irresponsable frente a este. Hoy diríamos posponiendo el temor de Dios como lo haría un adolescente: «En el primero dende puericia, / todo temor de Dios posposado» (vv. 81-82).

Prescindir de las obras de misericordia es un pecado de omisión que también es considerado en *La contienda del cuerpo y el alma,* tanto las espirituales como las corporales. A través de ellas ayudamos a nuestro prójimo en sus necesidades corporales y espirituales (ver Is 58, 6-7; Hb 13, 3). Instruir, aconsejar, consolar, confortar son obras espirituales de misericordia; en este poema, el cuerpo reprocha al alma no haberlo instruido en la doctrina cristiana ni en la ley de Dios:

Aún más te digo que fueste perezosa
en darme doctrina y buena lición
con que aprendiese la ley provechosa,
la cual faze al hombre ganar salvación.
Por tu negligencia y gran ocasión
de no instruirme en la fe católica
irás a la corte que es diabólica,
do te está aparejada cruel damnación (vv. 153-160).

Por su parte, el alma amonesta al cuerpo por no haberse dedicado a atender a los necesitados. Las obras de misericordia corporales consisten especialmente en dar de comer al hambriento, dar techo a quien no lo tiene, vestir al desnudo, visitar a los enfermos y a los presos, y enterrar a los muertos (ver Mt 25, 31-46).[67]

Con gran vanagloria y gran liviandad
pasaste en el mundo viviendo sin tiento.

[67] *Catecismo de la Iglesia Católica*, núm. 2447, <http://www.vatican.va/archive/catechism_sp/p3s2c2a7_sp.html> (consultado 28/12/2017).

Nunca mostraste haber caridad,
ni diste a comer al pobre fambriento,
ni diste a beber al que era sediento.
Ni menos posada a los peregrinos,
ni tú vestiste los pobres mezquinos,
que están enfermos por Dios no te miento.

Nos nunca te vimos en soterramiento
de pobre alguno que dieses mortaja.
Ni de te limosna hovo sentimiento,
yamas hombre alguno de sola miaja.
E así ponías en la tu cerraja
la llave y por la casa volvías.
Que aún Dios te vala, decir no querías,
ni los estimabas tú más que una paja (vv. 57- 72).

Entre estas obras, la limosna hecha a los pobres (cf. Tb 4, 5-11; Si 17, 22) es uno de los principales testimonios de la caridad fraterna. En el poema, se le reprocha al cuerpo no llevar a cabo práctica de justicia con los que menos tienen. Por tal razón, se hace evidente que el difunto, como un acto de desprecio mantenía su casa cerrada tanto para los peregrinos como para aquellos que lo necesitaban.

El poema termina con el despertar del narrador testigo y con una plegaria (vv. 321-344) en la que la voz del mismo narrador, después de haber tenido la revelación mencionada, ruega a Santa María que, cuando sea llegada su hora, lleve su alma en su compañía, para así poder gozar de la gloria en la vida eterna. Termina la plegaria dirigiendo su ruego a Dios e involucrando, en esta última súplica, al autor y al mismo lector:

Roguemos a Dios por su piedad
Aquel que tomó por nos carne humana
en la cruz con gran humildad
por nosotros murió con voluntad sana.
Que quiere guardar la gente cristiana
del falso enemigo y dela su saeta
e a vos y a mi Antón López de Meta
nos lieve a la gloria que es muy soberana (vv. 337-344).

De esta manera, la totalidad del poema se convierte en una oración encaminada a conseguir la salvación eterna, no solo del autor, que se identifica con el personaje narrador, sino también de cada uno de los lectores, que a través del texto se acercan a meditar sobre la inminencia de la muerte y las consecuencias del mal vivir.

Para concluir solo nos queda destacar la unidad conceptual que existe entre el *Arte de bien morir* y *La contienda del cuerpo y alma*. Mediante la publicación de ambos textos en un mismo volumen el editor hace eco de un sentimiento generalizado muy antiguo, que recorre una extensa parte de la Edad Media, a partir del cual cada uno de los individuos se enfrenta a la idea de su propia muerte y se prepara para vivirla.

Vivir la muerte, vivir el tránsito hacia la vida eterna, como dice Ariès, «sin miedo ni desesperación, a medio camino entre la resignación pasiva y la confianza mística»[68], es para el hombre de la Edad Media una forma de completar una etapa, un ciclo de la propia vida, en el cual el ser humano se reconoce a sí mismo y se entrega a un destino incuestionable.

Este volumen, que pertenece a la tradición de los *Ars moriendi,* cumple, a fin de cuentas, con traer a la memoria del individuo algo que debía ser su única certeza: «Recuerda que has de morir».

Criterios para la presente edición

En la presente edición se han respetado los criterios del GRISO, siempre con la intención de reflejar de la manera más fiel la voluntad del autor. Se ha modernizado toda grafía que no tenga trascendencia fonética. Conviene aclarar que los hábitos del autor, y o del editor, no son sistemáticos, escribe la misma palabra de modo diferente a lo largo del texto, encontraremos en algunas ocasiones la utilización de «f» en vez de la «h» (en el uso ortográfico actual: hablar, hacer, huir, hallar), indicando aspiración de la vocal. Como señala Covarrubias en su *Tesoro de la lengua*, 1611: «en muchas dicciones la h, y la f, son una misma letra, y hacen el oficio de aspirar vocal».

Se han simplificado las dobles consonantes (*acceptar* por *aceptar*); se ha sustituido la *–e* con tilde por *–en*; *–o* con tilde por *–on* y la *–n* con tilde por *–mn* (*dañada* por *damnada*), esta última corrección se encuentra avalada por las ediciones de 1489 y 1520. Se ha sustituido también la *ph* por *f*; *ç* por *z*, y la *x* por *j* (*próximo* por *prójimo*), y por *i* (*cuydadoso* por *cuidadoso*).

[68] Ariès, 2000, p. 99.

Se han modernizado las mayúsculas. A lo largo del texto se observa una enorme carencia de signos de puntuación y acentuación, esto nos ha obligado a suplir estos signos para facilitar la lectura, aun cuando somos conscientes de que al puntuar estamos optando por una propuesta de interpretación.

En el aparato de notas se han incluido observaciones textuales y notas filológicas.

A continuación, se muestra en una tabla las diferencias que existen entre la edición de 1489 de Zaragoza, la de 1500 de Toledo y la de 1520 que se conserva en la British Library.

Verso	Edición de 1489, Zaragoza, Juan de Hurus. Colección del marqués de Morbecq. A partir de la edición de Cyril A. Jones, Piza 1963, misma que es base para la edición de Enzo Franchini 2001	Edición de 1500, Toledo. Colección de don Joaquín García Icazbalceta, Biblioteca Cervantina.	Edición de 1520, pliego suelto, British Library
	Comiença la contienda del cuerpo/ y dela alma compuesta por Anton de Meta.	Comiença la contienda del cuerpo/ y alma: compuesto por Anton de Meta.	Comiença la contienda del cuer/po y alma: compuesto por Anton de Meta.
1	Dormiendo	Durmiendo	durmiendo
2	cubertura	cubertura	cobertura
3	privado	privado	priado
4	spantable	espantable	espantable
6	entonce	entonces	entonces
	la alma	la alma	el alma
11	damargura	de amargura	de amargura
16	tronco	trunco	tronco
17	vẽcido	vẽcido	vencido
20	del todo	De toda	de toda
21	Veote	Veote	Vete

21	abhorrecida	aborecido	aborrecido
23	fijos	hijos	fijos
24	podrida	podrido	podrido
26	perdidos	pdidos	perdidos
27	donoso	donosa	donosa
31	angosta	angusta	angosta
32	pudientes.	sedientes.	sedientes
33	nin	ni	ni
36	aprouechas	aprouechas	oprouechas
39	emparada	enparada	en parada
42	E torres	Y torres	E torres
43	de muchos	y muchos	y muchos
44	atanto	A tanto	a tanto
47	necio	necio	nescio
52	nunqua	nunca	nunca
54	La vida	Tu vida	Tu vida
55	ira	yra	yra
56	Damnada	Damnada	Dañada
58	Passaste	Pasaste	Pasaste
63	vestiste los pobres	vestiste los pobres	Vestiste a los pobres
64	stauan	estan	estan
65	Damnada	Damnada	Dañada
66	Quel diesses	que diesses	que diesses
67	houo	hovo	ovo
68	Jamás	Yamas	Jamas
70	peor	por	por
70	cara	casa	casa
71	haun	aun	aun
75	menospreziando	menospreciando	menospresiando
76	pecados	pecados	peccados
76	tomes	tomes	tomas
77	inuidia	embidia	imbidia

78	haun	aun	aun
79	posiste	pusiste	pusiste
83	Regno	Reyno	Reyno
83	codicia	cobdicia	cobdicia
88	ningun	algun	algun
89	Haun	Aun	Aun
90	Los diez mandamientos	Los diez mandamientos	Los mandamientos
93	haun	aun	aun
93	egendro	engendro	engendro
94	deshonra	desonrra	desonrra
95	gualardon	galardon	galardon
95	rendiste	que le rendiste	Que le diste
98	parahiso	parayso	parayso
99	christo	christo	cristo
100	En cruz	En la cruz	en la cruz
102	dyablo	diablo	diablo
103	a esto	a esto	aesto
105	fuert	fuerte	fuerte
105	reprendía	reprendia	reprehndía
106	damnada	damnada	dañada
106	reprendia	reprendia	reprehendia
107	refuerco	refuerço	essfuerço
107	Muy buen	muy bon	muy buen
108	quel	Que el	que el
110	sus responsiones	las responsiones	las responsiones
111	con justas	con sus justas	Con sus justas
113	damnada	damnada	dañada
115	vita	vida	vida
115	fizies	fazias	fazias
118	A las tus	A tus	A tus
119	prouar	prouar	probar
120	damnada	damnada	dañada

120	seyer	ser	ser
122	Del limo	De limo	Delimo
125	tu que veniste	tu que veniste	Tu veniste
126	dean dar deserrado	de andar desterrado	de andar desterrado
128	guiaste	guiaste	guyaste
129	quiere	quiere	quiera
129	yo contigo era	y contigo era	yo contigo era
132	haún vn passo	aun un passo	aun passo
133	Creo	Crio	Crio
135	vehias	veyas	veyas
135	inmortal	ymortal	mortal
137	allegar	allegar	alegar
137	ignorantia	ignorancia	ygnorançia
138	fues	fuesste	fueste
138	creada	creada	criada
139	fues	fuesste	fueste
140	regiesses	regieses	regieses
141	seyer	ser	ser
142	houo	houo	ovo
143	Que no yo carnaza	Que no yo carnaza	Que yo carnaza
144	grossera	grosera	grosera
145	A mi tu	A mí tu	Amiga tu
148	cuerpo tierra	cuerpo en tierra	cuerpo en tierra
149	fuiste	fueste	fueste
150	Que sin se mi	Que sin mi	Que sin mi
150	puedias	pudias	podias
150	vita	vida	vida
153	Haun	Aun	Aun
153	fues	fueste	fueste
154	doctrina	doctrina	dotrina
155	aprendiesse	aprendiese	aprendiesse
157	negligentia	negligencia	negligencia

157	ocassion	ocasion	ocasion
158	catholica	catolica	catolica
159	Iras	Yras	Yras
159	dyabolica	diabolica	diabolica
160	damnacion	damnacion	dãnacione
161	haun	aun	aun
161	oration	oracion	oracion
162	Ala	Ala alma	Al alma
162	sta	esta	esta
163	assentada	asentada	asentada
163	sperança	esperança	esperança
163	hauer	hauer	auer
163	redemption	redencion	redencion
164	que	q̃	q̃
164	infierno	infierno	infirno
164	entrada	entrad	entrada
165	desauẽturada	desauenturada	desauenturada
167	tanto de spacio	tanto espacio	tanto espacio
168	dãnada	dañada	dañada
169	fues	fuesses	fuestes
169	Sabes muy bien	Sabes muy biẽ quãdo	Sabes muy bien quando
169	batizada	baptizada	baptizada
170	redemptor	redentor	redentor
172	obedeciesses	obedecieses	obedeciesses
172	creador	criador	criador
174	cristiana	cristiana	christiana
176	Quisies	Quesiste	Quisiste
176	recibir	recebir	recebir
178	articlos	articulos	articulos
178	sancta	santa	santa
179	algun	algun	ningun

182	a dios	a dios	de dios
183	dyablo	diablo	diablo
184	enanta	euanta	enanta
185	conosciesses	conoscieses	conocieses
186	vivir	biuir	viuir
187	plegos	plegos	pligos
187	xixanta	sesanta	sesenta
188	podiesse	pudiessen	pudiessen
188	scrivir	screuir	escreuir
190	iremos	yremos	yremos
190	judicio	juyzio	juizio
191	hay	hay	ay
192	dammnar	damnar	dañar
196	podiesses	pudiesses	pudiesses
196	viuir	biuir	viuir
197	fallir	fallir	falir
200	staras	estaras	estaras
203	stauas	estauas	estauas
204	tomas	tomaste	tomaste
205	aduersario	aduersario	aduersario
206	fuiste	fueste	fueste
206	danyosa	dañosa	dañosa
207	irosa	ayrosa	ayrosa
	la	la alma	el alma
210	Parose	Paro se	Parose
211	seyer	ser	ser
212	fuert	fuerte	fuerte
213	desperecion	desesperació	desesperacion
215	destruction	destruccion	destrucion
218	villania	vilania	villania
219	fuerent	fuerte	fuerte
221	Ca	E	E

222	damnados	dãnados	dañados
223	pudientes	fedientes	fedientes
223	cieno	fiemo	fiemo
223	nin	ni	ni
229	Ca tu muy bien	Ca muy bien	Ca tu muy bien
231	de esto	de esto	desto
231	dyablo	diablo	diablo
232	fues	fueste	fueste
232	quando	quanto	quanto
232	viuido	beuido	viuido
233	fuiste	fueste	fueste
234	luengo	luego	luego
235	spojado	despojado	despojado
236	pues	puedes	puedes
238	ala	enla	enla
239	roderan	roeran	roeran
241	del	de	de
242	juhizio	juyzio	juyzio
245	peccados	pecados	pecados
249	baxados	abaxados	abaxados
250	jusano	iusano	jusano
251	rodidos	rostidos	roydos
253	porque	porq̃	porq̃
253	enganyaste	engañaste	engañaste
254	hauremos	hauremos	auremos
257	ira	yra	yr a
260	fuiste	fueste	fueste
261	fues	fueste	fueste
261	guloso	guloso	goloso
264	hauran	hauran	auran
264	jamas ni fin	Jamas ni fin	jamas fin
264	reposo	riposo	reposo

265	fues	fueste	fueste
267	Uiues	Biues	vives
269	peccados	pecados	pecados
273	lloro	Lloro y	lloro y
276	hauran	haura	haura
276	conto	cuento	cuento
276	mesura	misura	mesura
279	scriptos	escriptos	escritos
280	nunqua	nunca	nunca
280	speremos	speramos	esperamos
281	Estando	Eestando	Estando
282	la	la	el
283	statura	estatura	estatura
284	humana	humana	umana
284	volando	bolando	bolando
285	trahia	traya	traya
290	scripta	escrita	escrita
291	nacimiento	nascimiento	nascimiento
292	es	eres	eres
293	hoviste	houistes	ouistes
294	ambos	amos	ambos
295	que el	enel	enel
295	Vos	vos	Os
296	Ambos	amos	ambos
298	maldad	mal	mal
299	dios a ambos	dios ambos	dios ambos
300	seyr	ser	ser
300	cõdenados	condenados	condenados
300	egual	ygual	ygual
301	seyer	ser	ser
302	seyer	ser	ser
302	rodido	rostido	rostido

302	cenisa	ceniza	ceniza
303	E al alma	E el alma	El alma
303	auisa	Mal auisada	auisa
304	dyablo	diablo	diablo
305	de que	de que	desque
308	dyablo	diablo	diablo
308	tranco	trãco	tranco
309	al	al	el
309	berranco	barranco	barrancoestaua
310	staua	estaua	estaua
311	sufre muy orrible	çufre muy orible	çufre orrible
312	pudiente	sediente	sediente
313	stan	estan	están
314	peynes	peynes	peyñes
314	rosientes	rozientes	rozientes
315	pes’	pez	pez
315	razina	razina	resina
317	Stan	Estan	Estan
318	seyer	ser	ser
320	nuestros	nr̃os	nr̃os
321	Stando	Estando	Estando
321	tormente	tormento	Tormento
322	Fuy	Fue	Fue
322	del	del	de
322	suenyo	Sueño	sueño
324	enganyo	engaño	engaño
325	rogue	rogue	ruego
326	seyr	ser	ser
326	senyora	señora	señora
328	Companya	compañia	compañia
330	Fer	fazer	fazer
331	dexe	dexa	dexe

334	Serán	Sean	Sean
334	guardados	guardadas	guardados
335	Iran	yran	yran
335	Coro	choro	choro
336	Delant	Delante	Delante
336	Majestad	magestad	magestad
339	E en la cruz	Enla cruz	Enla cruz
339	homildad	humildad	humildad
341	christiana	cristiana	christiana
342	Y de su	Y dela su	Y dela su
343	E a vos y a mi	E a vos y a mi	E vos y a mi
343	anton	Anton	Anton
344	que	q̃	que
344	sobirana	soberana	soberana
345	Fin	Amen.	Amen. Deo Gratias
		Acabose este presente tratado enla muy noble y muy leal cibdad de Toledo. a. xxviij. días de Junio. año de nuestro saluador Mill y quinientos	

BIBLIOGRAFÍA

ALVAR, Carlos, y José Manuel LUCÍA MEJÍAS, *Diccionario filológico de literatura medieval española: textos y transmisión,* Madrid, Editorial Castalia, 2002.

ALVAR, Manuel, «Rasgos dialectales en la disputa del alma y el cuerpo (siglo XIV)», en *Miscelánea de Estudios Medievales,* vol. 1, 1990, pp. 327-330.

ANÓNIMO, *Arte de bien morir y breve confesionario,* Zaragoza, Hurus y Planck, 1479-1484.

— *A honor e reuerencia de Nostre Senyor Ihesu Crist e de la sacratissima Verge Senyora Sa[n]cta Maria mare sua, comença lo Tractat apellat Art de be morir ab lo Breu confessionari tornat de lati en roma,* Zaragoza, Juan Hurus, 1488-1491.

— *Arte de bien morir y breve confesionario,* edición electrónica de E. Michael Gerli y Christopher McDonald, The Labyrinth: Resources for Medieval Studies, Washington, D.C., Georgetown University, 2007, <http://www.georgetown.edu/labyrinth/library/ib/texts/ars/intro>.

— *Arte de bien morir y breve confesionario,* según el incunable de la Biblioteca del Monasterio de San Lorenzo de El Escorial, edición de E. M. Gerli, Biblioteca Saavedra Fajardo, <http://www.saavedrafajardo.org/Archivos/LIBROS/Libro0220.pdf>.

— *Arte de bien morir y breve confesionario* (Zaragoza, Pablo Hurus: c. 1479-1484), según el incunable de la Biblioteca del Monasterio de San Lorenzo de El Escorial, edición de Francisco Gago Jover, Enrique Lázaro, Palma de Mallorca, Universitat de les Illes Balears/Editorial Olañeta (Medio Maravedí, Biblioteca de Textos Medievales y del Siglo de Oro, vol. 2), 1999.

— *Danza General de la Muerte.* Ed. M. Rivadeneyra, en: *Poetas castellanos anteriores al siglo XV.* Biblioteca de Autores españoles, t. 57, Madrid, 1864.

ARIÈS, Philippe, *Historia de la muerte en Occidente. De la Edad Media hasta nuestros días,* traducción de F. Carbajo y R. Perrin, Barcelona, El Acantilado, 2000.

BELARMINO, Roberto, *Arte de bien morir,* traducción del padre Alonso de Andrade y publicado por el padre Antonio F Cabré, Madrid, Imprenta de la viuda e hijo de Aguado, 1881. [Primera edición *De arte bene moriendi libri duo,* Roma 1620.]

Beresford, Andrew M., «Antonio López de Meta's *Tractado del cuerpo e de la ánima* and the Hispanic Body-and-Soul Tradition», en *Bulletin of Hispanic Studies,* Volume LXXIV, nº 2, abril, 1977, pp. 139-150.

— «The Disputa del *Cuerpo e del Ánima* and the *Visión de Filiberto:* A Reappraisal of Sources», en *La Crónica. Journal of Medieval Spanish Language and Literature,* vol. 23.2, 1995, pp. 3-15.

Catecismo de la Iglesia Católica, en <http://www.vatican.va/archive/ccc/index_sp.htm> (consultado 16/01/2018).

Delgado casado, Juan, *Diccionario de impresores españoles (siglos xv-xvii),* Madrid, Arco Libros, 1996.

Franchini, Enzo, *Los debates literarios en la Edad Media,* Madrid, Ediciones del Laberinto, 2001.

Kaplan, Hillard, «A Theory of Human Life History Evolution: Diet, Intelligence, Weed Knowledge and Longevity», en *Evolutionary Anthropology,* 2000, pp. 156-185, disponible en: <https://www.unm.edu/~hkaplan/KaplanHillLancasterHurtado_2000_LHEvolution.pdf> (consultado 01/20/2017).

Jones, Cyril A.: «Algunas versiones más del Debate entre el cuerpo y el alma», en *Miscellanea di Studi Ispanici dell' Istituto Di Letteratura Spagnola e Ispano-Americana,* VI, Universitá di Pisa, 1963, pp. 109-134.

López de Meta, Antón, *Contienda del cuerpo y alma,* Toledo, imprenta de Pedro Hagenbach, 1500 [ejemplar de la Biblioteca Cervantina].

— *Contienda del cuerpo y alma,* sin indicaciones tipográficas, pero [Toledo, Juan Villaquirán, c. 1515-1520], ejemplar de la British Library.

Menéndez pidal, Ramón, *Textos medievales españoles,* Madrid, Espasa-Calpe, 1976.

Martín abad, Julián, *Post-incunables ibéricos,* Madrid, Ollero y Ramos, 2001.

Montañés, Jayme, *Espejo y arte muy breve y provechoso para ayudar a bien morir en el incierto día y hora de la muerte,* Valencia, en casa de Joan Navarro, 1565.

Nebrija, Antonio, [*Vocabulario español-latino*], Salamanca, [Impresor de la Gramática castellana], [1495?].

Norton, Frederick John, *A Descriptive Catalogue of Printing in Spain and Portugal, 1501-1520,* Cambridge, Cambridge University Press, 1978.

— «Typographical Evidence as an Aid to de the Identification and Dating of Unsigned Spanish Books of the Sixtheenth Century», *Iberomania,* 2, 1970, pp. 96-103.

Orazi, Verónica, «La disputa del alma y el cuerpo a la luz de la hermenéutica bíblica», en A*ctas del XIII Congreso de la Asociación Internacional de Hispanistas,* edición de Florencio Sevilla y Carlos Alvar, Madrid, Castalia, 2000.

Palau y dulcet, Antonio, *Manual del librero hispanoamericano,* Barcelona, Librería Palau, 1948, Tomo I.

— *Manual del librero hispanoamericano,* Barcelona, Librería Palaú, 1956, Tomo IX.

Palet, Juan, *Diccionario muy copioso de la lengua española y francesa* [...]. *Dictionaire tres ample de la langue espagnole et Françoise,* Paris, Matthieu Guillemot, 1604.

PENNEY, Clara Louisa, *Printed Books 1468-1700 in the Hispanic Society of America,* New York, The Hispanic Society of America, 1965.

QUARITCH, Bernard, *Monuments of the Early Printers, Part IV, Spain and Portugal, Northern and Eastern Europe, America, and the East.* London, s. e., 1887.

RODRÍGUEZ-MOÑINO, Antonio, *Los pliegos poéticos de la colección del marqués de Morbecq, siglo XVI,* edición facsímile, precedida de un estudio bibliográfico, Madrid, Estudios Bibliográficos, 1962.

— *Nuevo diccionario bibliográfico de pliegos sueltos poéticos (siglo XVI),* Madrid, Castalia, 1997.

SERÉS, Guillermo, *La literatura espiritual en los Siglos de Oro,* Madrid, Ediciones del Laberinto, 2003.

SIMÓN DÍAZ, José, *Bibliografía de la literatura hispánica,* Madrid, Consejo Superior de Investigaciones Científicas.

SOLALINDE, Antonio G., «La *Disputa del alma y el cuerpo,* comparación con el original francés», en *Hispanic Review,* vol. 1, julio, 1933, pp. 196-207.

STEVENS, John, *A New Spanish and English Dictionary. Collected from the Best Spanish Authors Both Ancient and Modern* [...]. *To Which is Added a Copious English and Spanish Dictionary* [...], London, George Sawbridge, 1706.

VINDEL, Francisco, *El arte tipográfico en España durante el siglo XV: Zaragoza,* Madrid, Dirección General de Relaciones Culturales, 1949, tomo IV.

VITTORI, Girolamo, *Tesoro de las tres lenguas francesa, italiana y española. Thresor des trois langues françoise, italienne et espagnolle,* Genève, Philippe Albert & Alexandre Pernet, 1609.

ARTE DE BIEN MORIR,
A PARTIR DE LA EDICIÓN TOLEDANA DE 1500

ARTE DE BIEN MORIR

[...]

[a2r] manera mueran. Ca[1] no solamente está puesta en estima la muerte de los santos mártires, más aun de los otros justos y buenos cristianos y aun de los pecadores, cuanto quier malos si mueren verdaderamente contritos y en verdadera fe y en unidad de la Iglesia, según la autoridad del apóstol. Bienaventurados los que mueren en el amor de Dios. Y por eso dice la divina sabiduría: Puesto que el justo sea por la muerte arrebatado, en seguro estará. E eso mismo de otro cualquier si en el paso de la muerte resistiere con esfuerzo y constancia a las tentaciones. E por eso dijo un sabio fablando[2] del loor de la muerte de los buenos: la muerte no es al salvo un salir de la prisión, fin del destierro, un descargo de una pesada carga; conviene saber: Fin y término de todas las dolencias del cuerpo, libramiento de todos los peligros, acabamiento de todos los males, quebrantamiento de todos lazos, paga de la natural deuda, un tornar a la patria y entrada para la gloria. Por tanto, se dice en el VII del Eclesiástico: Mejor es el día de la muerte que del nacimiento. Lo cual se ha de entender de los buenos y escogidos. Ca para los malos y reprobados ni el día del nacer ni el del morir puede ser dicho bueno, ante mal en extremo. Ca la muerte de los pecadores es la peor de todos según dicho es. E por tanto el buen cristiano y aun cualquier pecador que está verdaderamente repentido[3] no se debe entristecer de la muerte

[1] Conjunción causal en desuso que significa «porque» (*DRAE*).

[2] En esta edición encontraremos en algunas ocasiones la utilización de «f» en vez de la «h» (en el uso ortográfico actual: hablar, hacer, huir, hallar), indicando aspiración de la vocal. Como señala Covarrubias: «en muchas dicciones la h, y la f, son una misma letra, y hacen el oficio de aspirar vocal» (Cov.).

[3] Arrepentido. De arrepentirse (Palet).

del cuerpo, en cualquier manera le venga ni turbarse ni temerla, mas debe la tomar voluntariamente, y con la razón que contraste a lo que el cuerpo quiere, y debe conformar su voluntad con la de Dios, y quiere bien y seguramente salir de esta vida. Ca según dice un sabio: Bien morir es voluntariamente [a2v] morir. E por tanto dice aquél mismo: Que uno viva mucho, no le hacen los años ni los días mas el contentarse, y, por consiguiente, como sea necesario por deuda y razón natural todos haber de morir, y la muerte excusar no se puede. Temer, no se debe el cuándo, ni de qué manera, ni en dónde nuestro Señor ordenare y dispusiere, ca la voluntad de Dios siempre es buena, justa y razonable. Ca dice Casiano y Agostino: En todas las cosas que me acaecen esta consolación sola fallo[4] que procede de aquel a quien ninguna cosa place, salvo la justa. Ca el fidelísimo Dios todas las cosas que parecen adversas o prosperas face por nuestro provecho, y más cuidadoso está y más mira por la salud y provecho de los suyos, que nosotros por nos mismos. E así pues no podemos escapar ni mudar la muerte del cuerpo, aunque la humanidad contraste y repugne, empero con la razón bien dispuesta, sin murmurar ni contradecir, cuando quisiere y lo dispusiere Dios, la debemos aceptar. Y por eso dice Séneca: Sufre y no enculpes[5] lo que mudar no puedes. Y otrosí[6] dice: Si quisieres fuir[7] de las cosas de este mundo que te enojan, conviene que estés en otro lugar. Y por tanto para que el cristiano muere bien y seguramente, conviénele que sepa morir. El saber morir, según dice un sabio, es tener aparejado el corazón y la alma siempre a las cosas de Dios, porque cuando la muerte vienere le halle aparejado para la recibir sin reproche, como quien espera la venida de algún amigo muy amado. E esta es una setecia[8] muy provechosa en la cual los religiosos, especialmente, más que los legos y seculares sin cansar cadal[9] día y de contino deben con diligencia estudiar. Ende, mas como el estado de la religión [a3r] esto requiera,

[4] Hallo, de hallar.

[5] Lo mismo que culpar. Voz anticuada. *(Aut.)*.

[6] Voz forense que significa «además de esto» *(Aut.)*.

[7] Huir.

[8] Por sentencia. Error tipográfico de imprenta, seguramente el componedor olvidó poner la «e» con circunflejo para indicar la nasalización.

[9] Posiblemente error tipográfico del componedor, por la adición de la «l» al final. Aparece en dos ocasiones en este texto y no se ha encontrado documentado el uso en los diccionarios de época.

aunque cualquier secular clérigo y lego horas esté aparejado a morir, horas no sea tovido[10] de obedecer cuando a Dios plugiere. Y así debe, no solamente el religioso, más aun cualquier cristiano bueno y devoto que desea bien y seguramente morir haberse de vivir de tal manera que en cualquier hora, cuando a nuestro señor placera, pueda bien morir. Y por eso dice Séneca en la epístola XLI: Ante que envejeciese trabaje en bien vivir y en la vejez en bien morir. Y por eso cualquier debe con paciencia pasar la vida y desear la muerte, a enjemplo de sant Pablo que dice cobdició morir y estar con Cristo. Y esto abasta para este primer capítulo.

Segunda parte de las tentaciones y primeramente de la primera tentación, que es de la fe

Habéis de saber que los que están para morir, cuando viene el extremo paso han más graves tentaciones cuales no hobieron[11] en toda su vida. Y son estas tentaciones cinco. La primera es en la fe, por cuanto aquella es fundamento de toda nuestra salud; según atestiga el apóstol que dice: Ninguno puede poner otro cimiento. Y por eso dice sant Agostín: La fe es cimiento de todos los bienes y principio de la salud humana. E por tanto dice el apóstol: Imposible es sin fe agradar a Dios. Y dice sant Juan en el tercero capítulo: El que no cree, ya es juzgado. E así como tal y tamaña fuerza está en la fe, que sin ella ninguno salvarse puede. Por tanto, el demonio con todas sus fuerzas trabaja en apartar de aquella el hombre que está a la muerte, o a lo menos se esfuerza en facerlo dubdar en ella, o trabaja en engañarle con algunos errores vanos que **[a3v]** saben a herejía. E segund dice Albino, el diablo entre las otras tentaciones face esta señaladamente: Que dubde en la fe católica y que no crea[12] otra vida venidera, porque así engañado y vencido pueda sin temor alguno cometer cualquier pecado. E de esta manera trabaja en dañar los grandes pecadores, ende más a los soberbiosos y

[10] Arcaísmo: segunda persona del pretérito irregular ant. de «tener»: lo mismo que tenido (*DRAE,* 1803). En adelante se encontrará con esta variante la conjugación del verbo tener.

[11] Tuvieron, de tener; arcaísmo del latín *habere* (Cov.). En adelante se encontrará con esta variante la conjugación del verbo haber, con el sentido de tener.

[12] En el original dice «creo»; pudo haber sido también un error de composición tipográfica, porque el sentido se encuentra con «crea».

pomposos que amaron desordenadamente el mundo y las riquezas y los deleites de la carne. Búrlalos de esta manera: Que primero les pone delante todos los males que han cometido, y las penas y tormentos que según las escripturas han de sufrir, porque los espante con el tal pensamiento y los traiga a desesperación, y dales a entender que según aquello, dañados serían después de la muerte. E toviéndolos así en esta balanza porque parezca a consolarlos, díceles que no temen cosa alguna de todas estas y que no curen sino de pasar con gozo sus días. Ca después de la muerte no hay Dios, ni otra vida, mas la muerte de los hombres es tal como la de las bestias; ca bien así como ellas cadal día nacen y mueren, así los hombres y el bien que en este mundo hobieron, y los deleites y placeres aquello solamente les queda. E esta tentación señaladamente les pone al paso de la muerte delante los ojos, si no que el que muere esté avisado según aquel dotor dice. E el buen cristiano ha de creer no solamente los principales artículos de la fe, más aun enteramente la santa escriptura en todo y por todo, a lo menos a carga cerrada, y debe ser sometido a los establimientos[13] y ordenanzas de la Santa madre Iglesia, y en aquellos firmemente estar y morir. Ca en otra manera luego que en algo de lo suso dicho comienza de errar, en ese punto se aparta y desvía de la carrera de la vida y salvación.

[A4R] Capítulo de la buena inspiración del ángel contra la susodicha tentación

Debéis empero haber por cierto que ni en esta tentación ni en las siguientes, que el diablo no puede vencer al hombre del mundo, mientras toviere el uso de razón y del libre albedrío, sino que de su misma voluntad sin premia alguna consentirle quiera. E por tanto, el que es buen católico los engaños, espantos y consejos del enemigo no debe temer; ca menteroso es, y padre de mentira, como se lee en el evangelio. Mas debe perseverar y morir firmemente en la verdadera fe y unión de la Santa madre Iglesia y obediencia de aquella. E es la cosa muy provechosa según que en algunas religiones se acostumbra facer, que digan los que están, cabe el que muere, una y muchas veces el credo altas voces por poner corazón al enfermo para que esté constante

[13] Lo mismo que establecimiento, voz anticuada *(Aut.)*.

en la fe y porque se aparten de los enemigos que oír no lo pueden. E ante de todas las cosas debe poner corazón al doliente para que tenga constancia. La fe de los fieles conviene a saber: Abraham, Isaac y Jacob; y otrosí la fe de los infieles: Job y de la ramera Raab y Achor y semejantes; y la fe de los apóstoles y infinitos mártires confesores y vírgines. Ca todos los antiguos y modernos plugieron y contentaron a Dios por fe. Ca según dicho es arriba, imposible es sin fe agradar a Dios. Otrosí deben a esto traer al enfermo dos especias de provecho de fe. La primera es que la verdadera fe todas las cosas puede, según atestigua nuestro señor Jesucristo en el evangelio. Al que cree, todas las cosas son posibles. La otra es, que la verdadera fe, todas **[a4v]** las cosas recabda, según dice el mismo Señor: Cualquier cosa que pidiéredes[14] con la oración recabdaréis[15] creyendo.

De la segunda tentación, que es desesperación

La segunda tentación es la desesperación, que es contra la esperanza y confianza que debe el hombre tener en Dios. Por cuando el enfermo es atormentado de los dolores del cuerpo, estonce[16] el diablo acrecienta dolor al dolor, retrayéndole sus pecados de la manera que puede para traerle a desesperación. Allende de todo esto según Inocencio papa III, en el libro de la vildad[17] y bajez de la humana condición. Cualquier hombre, así el bueno como el malo, ante que la alma le salga del cuerpo ve a Cristo puesto en la cruz y muéstrase a los malos para mayor confusión, para que hayan vergüenza y se corran de no haber fruto de la redención. E a los buenos se muestra para el consuelo de ellos, para que conozcan cuán misericordiosamente sean librados. Sobre todo esto debéis saber que el enemigo señaladamente en el paso de la muerte representa al hombre todos los pecados que ha cometido y no confesado, porque le traiga en esta manera a desesperación.

[14] Pidieres, voz anticuada. Uso documentado en la *Carta de comisión sobre los maravedíes de juro de Alfonso de Fonseca*, 1475 (CORDE en línea, consultado 11 enero 2018).

[15] Recaudaréis. Lo mismo que recaudar, voz anticuada (*DRAE*, 1803).

[16] Voz anticuada de «entonces» *(Aut.)*.

[17] Lo mismo que vileza (*DRAE*, 1803).

Capítulo de la buena inspiración del ángel contra esta tentación

Ca por todo esto ninguno debe desesperarse del perdón y misericordia, aunque hobiese[18] fecho tantos robos y homecillos[19] cuantas son las gotas de la mar o los granos de la arena, puesto que de aquellos ante nunca se hobiese confesado, nin fe[a5r]cha paciencia, ni toviese de presente manera de los poder confesar. Ca en tal caso abasta[20] la contrición sola entrañal[21], según dice el psalmista: Señor Dios, tú non desecharás al corazón repentido y humillado. Y dice Ezequiel: En cualquier hora que el pecador echare gemidos, será salvo. Onde sant Bernardo dice: Mayor es la misericordia de Dios que cualquier pecado. E dice Agostino sobre sant Juan: De ninguno debe hombre perder la esperanza en aquesta vida, y la desesperación sola es el pecado que remediar no se puede. E por eso dice él mesmo: No dañan los males y pecados pasados si no placen de presente. E así no debe hombre desesperar, aunque él solo hobiese todos los pecados del mundo cometido. E en caso que él fuese cierto que ha de ser del número de los dañados no se debría[22] desesperar. Ca no hacemos algo con la desesperación, salvo que más ofendemos a nuestro señor Dios y agraviamos más los otros pecados, y la pena eterna en infinito se acrecienta. E por tanto paren mientes[23] con diligencia algunos indiscretos y scropulosos[24] en la conciencia que entrevienen de grado, cuando alguno muere que no curen de traer mucho con oportunidad los pecados a la memoria del que está en aquel paso, porque acaece en aquella manera que les ponen tan gran espanto y miedo que los traen con peligro a desesperarse. E, por tanto, oye lo que dice Jacobo de Vorágine en el sermón VI de los tales: No es cosa segura al hombre que está en pensamiento hacerle recordar sus pecados, mas siempre le deben traer a la memoria la esperanza de la divina misericordia y la pasión de nuestro redemptor, y recordarle los bienes que ha fecho en su vida por

[18] Lo mismo que hubiese, del verbo haber.

[19] Homicidio, voz en desuso *(DRAE)*.

[20] Abastar, voz en desuso *(DRAE)*.

[21] Lo mismo que entrañable *(Aut.)*.

[22] Debería. Uso de época, se encuentra documentado en el *Parecer que dio D. Hernando Colón en la junta de Badajoz sobre la pertenencia de los Malucos*, 1524 (CORDE en línea, consultado 11 enero 2018).

[23] Parar mientes en algo significa «considerarlo, meditar y recapacitar sobre ello con particular cuidado y atención» *(DRAE)*.

[24] Escrupulosos.

los cuales de[a5v]be tener esperanza en la misericordia de Dios. Allende todo esto, para la verdadera confianza que señaladamente el enfermo debe haber en Dios en aquel paso, le debe inducir e inclinar mucho la disposición de Cristo en la cruz. De la cual dice Bernardo: Quien no terna[25] gran esperanza y no será arrebatado a tener confianza, si parare mientes de qué manera está Jesucristo en la cruz; mira cómo tiene inclinada la cabeza para besar, y los brazos extendidos para abrazar, y las manos horadados para dar, y el lado abierto para amar, y todo el cuerpo tendido para donarse del todo. E, por tanto, ninguno debe desesperar, mas confiar en Dios llenamente. Ca esta virtud es muy loable y de gran merecimiento delante de Dios; de la cual nos amonesta el apóstol diciendo: No queráis perder vuestra fiuzia[26], que tiene gran galardón. E que cualquier pecador por grande que sea no debe desesperarse. Tenemos enjenplo muy evidente y manifesto del apóstol sant Pedro, que negó a Jesucristo, y de sant Pablo, que perseguió la iglesia, y de sant Mateo y Zaqueo, que fueron pecadores públicos, y de María Magdalena y de la mujer que fue hallada en adulterio, y del buen ladrón en la cruz, y de María egipcíaca y de muchos otros grandes y scelerados[27] pecadores.

De la tercera tentación que es la impaciencia

La tercera tentación es la impaciencia, que es contra la caridad, con la cual somos obligados a amar a Dios sobre todas las cosas. Ca a los que mueren les acaecen graves dolores, ende más [a6r] a los que mueren por muerte natural, que es atarde[28] según muestra la esperiencia[29], mas mueren muchas veces de accidentes, como es fiebre o apostema o otra grave dolencia y tan luenga[30] que da aflición[31]. La cual a los más, en especial a los que no están dispuestos a morir y tienen defecto de verdadera caridad hace impacientes, tanto que murmuran muchas veces del mucho dolor, y se tornan locos y pierden el seso, así como habemos muchas veces visto en muchos. De lo cual parece manifiestamente los

[25] Tenga, de tener (Stevens).
[26] Confianza o esperanza (Vittori).
[27] Con la connotación de villano, malvado, injusto (Vittori).
[28] Lo mismo que tarde *(Aut.)*.
[29] Experiencia, alternancia gráfica de época.
[30] Lo mismo que largo *(Aut.)*.
[31] De aflicción.

tales desfallecer en la verdadera caridad, como dice sant Jerónimo: Si alguno recibiere la dolencia, muere con dolor, señal es que no ama a Dios según conviene.

Remedio contra la tentación susodicha

Conviene que cuanto quier[32] luenga y de mal comporte[33] sea la dolencia que el paciente no murmure, porque según dice Gregorio en sus *Morales*: Todo lo que padecemos es con razón, y por tanto muy desigual cosa es que de la justa pasión murmuremos, y por eso debe el doliente ser muy sufrido. Se lo que dice sant Lucas: En vuestra paciencia poseréis vuestras almas. Ca bien por la paciencia la alma es poseída y guardada, así por la impaciencia y murmuración se pierde y daña, según dice Gregorio. Ninguno murmurando conquista el reino de los cielos. E como dice Alberto Magno de la verdadera contrición: Si el verdaderamente repentido debe estar aparejado a cualquier aflición y penitencia, porque pueda por la ofensa dignamente satisfacer a nuestro señor Dios, cuanto más **[a6v]** cualquier doliente debe sufrir con paciencia su enfermedad, quizá más ligera que la de los otros. Ende más, como sea la dolencia luenga como un purgatorio, cuando es sufrida según conviene a saber es con paciencia y de buen grado. Ca según Alberto: No solamente habemos de ser agradecidos en las cosas de nuestro consuelo, más aún en las que nos dan aflición. E por eso dice Gregorio: por disposición divina acaece que al vicio y pecado luengo se da una luenga dolencia. Diga pues cualquier doliente, ende más el que está para morir: Corta aquí y quema en este mundo para que para siempre me perdones. E por tanto el misericordioso Dios da aflición temporal por que no nos dé la pena eterna. E como esta tentación sea contraria a la caridad, sin la cual ninguno salvarse puede, por cuanto la caridad verdadera todo lo sufre. Según dice el apóstol: Debéis mucho abrazar el tal remedio contra esta tentación. Y debéis mucho notar que en decir el apóstol que la caridad todo lo sufre, todo se encierra, y así en aquel todo se comprenden las dolencias. E así todas las enfermedades se deben sufrir sin murmuración y trabajo. Y por eso dice sant Agostín: Al que ama ninguna cosa es *dificile* o *imposibile*.

[32] Aunque; cuanto quier una locución conjuntiva poco usada *(DRAE)*.
[33] Vale también por sufrir y tolerar *(Aut.)*.

La cuarta tentación de vanagloria

La cuarta tentación de una vanagloria espiritual por la cual entra el diablo a los devotos y religiosos y perfectos muchas veces. Ca el enemigo cuando no puede inclinar al hombre, al que desvíe de la fe por desesperación o impaciencia, éntrale por un contentamiento de sí mismo pusiéndole[34] tales pensamientos: ¡Oh, cómo estás firme en la sancta fe, y **[a7r]** cuán fuerte en la esperanza y cuán constante en la paciencia! ¡Oh, cuántos bienes has fecho y cosas semejantes!

Remedio contra la susodicha tentación por inspiración del buen ángel

Contra esto dice Isidoro: No te ensobervezcas[35], no te alabes, no te ensalces locamente, no te presumas, no te atribuyas bien alguno. Ca tan grande podría ser el contentamiento que hombre ternía[36] de sí mismo que por aquel se dañaría. Por lo cual dice Gregorio: El cual recitando el bien que ha hecho se ensalza, cae delante del autor de la humildad. E así el que está para morir ha de ser muy cauto, que en sentiendo que la soberbia le tienta se humille y abaje[37], recontando sus pecados; y que non[38] sabe si es digno de amor o de odio, empero ya por eso non despere[39]. Debe eso mismo levantar su corazón a Dios y por su gran misericordia tener en él esperanza. Y que el fidelísimo Dios, el cual es verdad que no puede mentir, prometió por boca del profeta con juramento diciendo: Yo vivo dice el Señor, y no quiero la muerte del pecador, etc[40]. E así remede el hombre a sant Antonio, cuando el diablo le dijo: Antonio sábete que me has vencido; ca en el punto que yo te quiero ensalzar, tú te humillas, y cuando te quiero humillar tú te ensalzas. Haga pues así cualquier doliente y aún el sano, y será el diablo vencido.

[34] Uso de época del gerundio de poner. Ver traducción del *Tratado de Roma de Martín Martínez de Ampiés,* 1498: «Por ende pusiendo razon adelante remitire mis prolixidades» (CORDE en línea, consultado 7 febrero 2017).

[35] Causar altivez, dar motivo y fomento para que uno sea soberbio, altivo y arrogante *(Aut.)*.

[36] De tener (Stevens).

[37] De descender (Nebrija)

[38] Partícula que vale lo mismo que no; es voz anticuada (Stevens).

[39] Lo mismo que desesperado en el sentido de no tener esperanza *(Aut.)*.

[40] Etcétera: para dar énfasis a lo que se dice *(Aut.)*.

La quinta tentación de la avaricia

La quinta tentación que más atormenta a los seculares y carnales es el mucho ocuparse en los bienes temporales: Acerca de la mujer, hi**[a7v]**jos, y amigos, y riquezas, y las otras cosas que desordenadamente amaron en su vida. Ca el que bien y seguramente quisiere morir, debe dejar aparte todas las cosas temporales y encomendarse a Dios llenamente. E por eso dice el Escoto[41] sobre el cuarto de las sentencias: Si algún enfermo cuando se ve ya para morir, quiere de su voluntad morir, y llanamente consiente en la muerte como si él mismo por sí mismo se la hobiese escogido, sufriendo, así, con paciencia, la pena de la muerte satisface por todos los pecados veniales, y aun algo por los mortales. E, por tanto, es cosa muy provechosa y necesaria en la tal necesidad conformar su voluntad con la de Dios. Y muy atarde secular alguno, carnal o religioso se quiere disponer a la muerte; e lo que peor parece, ni aun oír cosa alguna della[42] estoviendo[43], en el paso della esperando escapar. Lo cual por cierto es cosa muy peligrosa y de gran abominación en el cristiano, según dice Garson[44].

Remedio contra la susodicha tentación por inspiración del buen ángel

Es de notar que el diablo puede en todas las cosas susodichas forzar al hombre ni sobrarlo, para que le consienta mientra toviere uso de razón, sino que él por su voluntad consentirle quiera. De lo cual se debe bien guardar no solamente cualquier buen cristiano, más aún cualquier pecador por grande que sea. E por eso dice el apóstol: Fiel es Dios que

[41] Se refiere a Juan Duns Scoto, teólogo escocés del siglo XIII, perteneciente a la Orden de San Francisco.

[42] De ella, aglomeración de preposición y pronombre personal común en la época.

[43] Gerundio de estar. Conjugación habitual en la época: «ando de Ones, ca eran muchos más los Ganboínos. E estoviendo así algunos días, salieron a escaramuçar…». García de Salazar, Lope. *Historia de las bienandanzas e fortunas*, 1471-1476 (CORDE en línea, consultado 30 marzo 2017).

[44] Se refiere a Jean Gerson, teólogo francés del siglo XIV. Johannes Garson es una de las formas alternativas de su nombre, utilizadas por las Bibliotecas Nacional de Alemania, de Francia y de Suiza para registrar sus obras (*Aut.* en línea, consultado 10 enero 2018).

no permeterá que seáis tentados más de lo que podéis, mas junto con la tentación vos hará provecho para que la podéis sufrir. En donde dice la glosa: Fiel y leal es Dios y verdadero en lo que promete, el cual nos otor[a8r]ga, y resistir poderosamente y provechosa y con perseverancia, y nos da poder que no seamos vencidos, y gracia para que merezcamos, y constancia para que venzamos, y os acrecienta la virtud para que podáis sufrir y no desfallezcáis, mas para que halláis victoria. Lo cual le hace por humildad. E por eso dice sant Agostín: Los que no tienen viento de soberbia no queman[45] en el fornaz[46]. Humíllese, pues, el hombrecillo pecador so la mano poderosa de Dios, y podrá con el ayuda de nuestro Señor haber victoria en cualquier tentación, dolencia y tribulación de los males, y dolor hasta la muerte.

Tercera parte de las preguntas que se deben facer a los que están al paso de la muerte

Síguense las interrogaciones que se deben facer a los que están al paso de la muerte mientra pueden fablar. E aquesto por cuanto si alguno fuere indispuesto a morir sea mejor informado y conhortado[47]. E débense facer estas preguntas según Anselmo en esta manera, primeramente pregónteles: Hermano, ¿alégraste que moras en la fe de Jesucristo? E responda: Sí. Otrosí le digan: ¿Conoces y otorgas que no has vivido tan bien como debieras? Y responda: Sí. E díganle: ¿Repiénteste dello? E diga: Sí. Mas lo interroguen: ¿Tienes voluntad de emendar tu vida, si tovieses espacio y tiempo de vivir? E responda que sí. ¿Crees que por ti morió Jesucristo nuestro señor? Responda: Creo. ¿Hácesle por esto gracias de todo tu corazón? Responda: Hago. ¿Crees no poderte salvar sino por su muerte? Diga: Creo. Pues luego, hazle gracias siempre mientra está tu alma en tu cuerpo, e pon en aquesta sola muerte, [a8v] mas, ¡guay[48] de nosotros!, que hay muy pocos no solamente seculares, más aun religiosos que tengan y sepan esta arte y que estén cabe sus prójimos en el artículo de la muerte preguntando, amonestado, informando,

[45] Error tipográfico, en el original dice queman, pero seguramente debía decir queman.

[46] Fragua, queriendo decir figurativamente infierno.

[47] Consolado, de conhortar *(DRAE)*.

[48] Interjección poética en desuso: ¡Ay! *(DRAE)*.

y aun rogando por ellos, según dicho es. Endemás[49] cuando los dolientes no mueren de grado, ni se piensan de morir. E así las almas de los que mueren pasan peligro, por la cual cosa, como toda la salud del hombre consiste en el fin, endemás que cualquier cosa toma denominación y apellido del fin. Con diligencia cualquier católico debería tener cuidado, si espera firmemente la vida venidera de proveerse de algún compañero o amigo devoto y conveniente, que en el fin de sus días le estoviese de cerca, para que le pusiese ánimo y esfuerzo en la fe, constancia, paciencia y devoción; y que lo incitase y aganase tener confianza y perseveranza; y que en el paso de la muerte dijiese fielmente sobre él todas las oraciones suso dichas con atención y devoción. A la cual, empero, eficacia de las oraciones es muy necesaria a la dispusición[50] del que muere, según que ya es dicho en los capítulos precedentes. Donde a cualquier que quiera bien y seguramente morir, sobre todo, es menester ante la muerte le ocupe que aprenda de morir.

Síguense las oraciones

¡Oh, Misericordioso Jesu! Por el amor de aquel que a ti, hijo suyo dignísimo, inocentísimo y muy delicado fizo por nos ser hombre y ser ferido, y morir por la humana salud. Perdona a este siervo lo que ha cometido con pensamiento, con dicho, con fecho y afeción[51], o movimientos, o fuerzas, y con todos los sentidos del ánima y del cuerpo. E en señal de ver, **[b1r]** Bernardo sobre el cántico dice: Yo sé que ninguno se puede salvar sin conocerse. E dende[52] nace la humildad que es madre de la salud y el temor de Dios; ca aquel como es principio de la sabiduría, así lo es de la salud. Tercio[53], pregúntele diciendo: ¿Duéleste de corazón de todos los pecados contra la majestad, amor y bondad de Dios cometidos? ¿Y de los bienes que has dejado de facer? ¿Y que no has amado a Dios sobre todas las cosas? Responda: Que sí. Otrosí diga: ¿Pides a Dios perdón de todas estas cosas? Responda: Sí. ¿Deseas allende de todo esto

[49] Adverbio en desuso que significa particularmente, con especialidad *(DRAE)*.

[50] Disposición.

[51] Lo mismo que afición (Suplemento del *DRAE*, 1780).

[52] Adverbio en desuso que significa de allí, desde allí *(DRAE)*.

[53] Tomar parte igual en la acción de otros, especialmente en una conversación *(DRAE)*.

ser tu corazón alumbrado para reconocer los pecados olvidados? ¿Para que de aquellos puedas especialmente dolerte y repentir? Responda: Yo deseo ser alumbrado mi corazón, y duélome dellos. Cuarto, le pregunten: ¿Deliberas[54] de te emendar si hobieses de más vivir y nunca jamás pecar mortalmente adrede y de cierta scientia[55], antes dejar todas las cosas que tienes más caras, aun perder la vida, antes que quisieses más ofender a Dios? Responda: Sí. ¿Ruegas allende esto a Dios que te dé gracia de continuar este propósito y de no recaer más? Responda: Ruego. Quinto, ¿perdonas de corazón a cuantos en dicho o en fecho te han ofendido por amor y reverencia de nuestro señor Jesucristo del cual tú esperas perdón? ¿E pides eso mismo que te perdonen aquellos a quien tú en alguna manera has ofendido? Responda: Perdono y ruego que me perdonen. Sexto, ¿quieres que lo que has mal ganado se restituya por entero, tanto cuanto eres tovido hasta la suma de tu hacienda? Y si no pudiese de otra manera facerle la satisfación, ¿quieres renunciar todo lo tuyo para que se haga? Responda: Quiero. Séptimo, pregúntenle: ¿Crees que murió por ti nuestro [b1v] señor Jesucristo y que non puedes salvarte sino por el mérito de su Pasión y haces desto gracias a Dios de corazón cuanto puedes? Responda: Creo y hágole desto gracias. E así, cualquier que a las susodichas interrogaciones con fe verdadera y no fingida respondiere afirmadamente, que de tener harta certidumbre de su salvación, si así muriere. Esto dice el Chanceller de París[56]. E cualquier que de las susodichas cosas no fuere por alguno interrogado, endemás, como ahína[57] muy pocos y ralos que sepan esto, responda preguntando a sí mismo y más apuntadamente considerando si está dispuesto de la manera susodicha. Ca sin la tal disposición ninguno puede salvarse. E el que esta así aparejado como dicho es, encomiéndese del todo a la Pasión de Cristo, y continuamente cuando pudiere y la dolencia gelo[58] sufriré, piénsela. Ca en esta manera todas las tentaciones y asechanzas del enemigo se vencen. E dice Anselmo: No creo que alguno dañarse pueda, si reclamare devotamente la Pasión de Jesucristo. E Pedro Damasceno en el cuarto de las sentencias dice: Que cualquier que es devoto de la

[54] En el sentido de decidir.

[55] De ciencia.

[56] Se refiere a Philippus Cancellarius Parisiensis o Felipe el Canciller.

[57] Adverbio de tiempo que significa presto, pronto (Cov.).

[58] Se lo (Vittori). Unión de «se», pronombre personal de la 3ª. persona y artículo neutro «lo».

Pasión de Jesucristo no puede ser dañado. E por eso es cosa de muy gran provecho leerla, o a lo menos oírla en la dolencia, o que se lea por alguno de los que estovieren presentes, cuando el enfermo comienza de estar en pensamiento, según se lee en la vida de la bienaventurada santa Marta. La cual cuando vino a aquel paso, se la fizo leer, y en el punto que el que la leía dijo a aquellas palabras: Padre en tus manos encomiendo mi espírito. Ella espiró[59].

La cuarta parte

[b2r] Como dice sant Gregorio: Cualquier cosa de las que Jesucristo fizo debe ser amonestamiento y doctrina nuestra, por tanto, las cosas que Jesucristo fizo moriendo en la cruz, aquellas debe facer cualquier que está en pensamiento según su natura y poder. E fizo nuestro Señor en la cruz cinco cosas. Ca primeramente fizo oración, y dícele que dijo aquel psalmo XXI: *Deus Deus meus respice in me*, y los otros ocho siguientes, hasta aquel verso del psalmo XXX, el cual comienza: *In manus tuas comendo*, etc. E por tanto es muy bueno leerlos a los que están en pensamiento, endemás, si cuando estaban sanos los tenían en devoción. Eso mismo nuestro redemptor lloró, según dice el apóstol, y otrosí, echó una gran voz y encomendó su alma al Padre y rendió el espíritu, según atestiguan los evangelistas. Así, el enfermo puesto en el artículo de la muerte debe a lo menos con el corazón, si con la palabra no puede, facer oración. E por eso dice Isidoro: Mejor es callando facer oración con el pensamiento sin pronunciar las palabras, que solamente con las palabras sin el sentido y corazón. Eso mesmo debe dar grandes voces con el corazón y no con la voz. Ca más mira Dios al deseo que al grito. Ca dar voces con el corazón es desear el perdón de los pecados y la eterna vida. Tercero: Debe llorar no con los ojos carnales, mas con las lágrimas del corazón repentídose verdaderamente. Cuarto: Debe encomendar su alma a Dios diciendo: *In manus tuas domine, etc.* Quinto: Rienda el espíritu en esta manera que reciba la muerte con paciencia, conformándose con la voluntad de Dios según conviene. Después, tanto cuanto el que está en aquel paso podrá hablar y haber uso de razón, [b2v] diga las siguientes oraciones o dígalas otro por él.

[59] De expirar.

Oración a la Santa Trinidad

Oh, soberana deidad, bondad sin medida, piadosa y gloriosísima trinidad, soberano amor y caridad habe[60] merced de mí. Ca a ti encomiendo mi espíritu.

Y si no pudiere fablar, muden las palabras los que estovieren presentes y digan esta oración y las otras siguientes en nombre dellos.

Oración a Dios Padre

Oh, Dios mío piadoso, Padre de las misericordias, use de misericordia con esta pobrecilla creatura tuya. Ayúdame agora, y en la postrimera necesidad socorre, Señor, a esta pobre alma y desamparada, que no lo coman y despedacen los canes infernales.

Oración al Hijo

Dulcísimo señor y muy amado Jesucristo, hijo de Dios vivo, por la honra y virtud de tu santa Pasión, mándame recibir en el número de tus escogidos. Salvador y redemptor[61] mío, tórnome todo a ti, no me deseches, a ti vengo, no me rehúses.

Otra oración

Señor Jesucristo, yo tu paraíso demando, no por el valer de mis merecimientos, como sea polvo y ceniza y aun mísero pecador, mas en virtud de tu sancta Pasión, con la cual has redemido a mi desaventurado pecador y quesiste mercar para mí el paraíso con tu Sangre preciosa.

Otrosí digan muchas veces este verso que es de muy gran virtud[b3r] *Dirupisti domine vincula mea tibi sacrificabo hostiam laudis, etc.* Ca este verso según dice Casiodoro y la glosa lo afirma sobre aquel mismo verso: Es de tanta virtud, que son al hombre perdonados sus

[60] De tener.

[61] En el original dice «redemotor», error tipográfico seguramente por la cercanía de letras «o» y «p» en la caja baja de tipos móviles de la imprenta.

pecados, si en el fin de la vida con gran contrición lo dijere tres veces. Otrosí diga: Señor Jesucristo, por aquella amarga y cruda Pasión, que por mí en la cruz recibiste en aquella hora, cuando tu alma sanctísima salió de tu cuerpo, habe merced de mi pobre alma en su salida del cuerpo. Amén.

Oración a la Virgen María

Reina de los cielos, madre de misericordia, guarda y recurso de los pecadores, reconcíliame a tu único hijo y invoca su clemencia por mí, indigno pecador, para que me perdone mis pecados por tu amor levándome[62] a su gloria.

Sean convidados los ángeles

Oh spíritos de los cielos, ángeles gloriosos, ruego vos que estéis cabe mí, agora que me parte de este mundo, y libra con poderío de las acechanzas de todos mis enemigos, y tomad mi alma en vuestra compañía. Endemás, tú buen ángel mío, que eres establecido por Dios guarda mía, y dígale: Oh, ángel que eres guarda mía, por la soberana piedad, guarda, gobierna y defiéndeme, pues te soy encomendado. Y después invoque en su ayuda en este artículo a los apóstoles, mártires, vírgines, y confesores; especialmente, empero, aquellos santos y santas en que primero el doliente estoviendo sano tenía en devoción. E si alguna oración había acostumbrado decir en honor **[b3v]** de algún santo o santa, dígala o dígase por otro, según que la devoción del doliente lo requiere.

Diga otrosí el enfermo o otro por el tres o cuatro veces o más las palabras siguientes, las cuales dicen ser de Sant Agostín

La paz de nuestro señor Jesucristo, y la virtud de su pasión, y la señal de la sancta cruz, y la entegridad[63] de la bienaventurada Virgen María, y la bendición de todos los santos, y la guarda de los ángeles, y las ayudas y

[62] De llevar *(Aut.)*.
[63] Integridad.

intercesiones de todos los escogidos, sea entre mí y todos mis enemigos visibles y invisibles en esta hora de mi muerte. Amén.

Diga otrosí este verso

Largire clarum vespere, quo vita nusquam decidat, sed premium mortis sacre, perennis inster gloria.

Comienza la quinta parte

Debéis notar y mucho considerar que muy tarde alguno, aun entre los religiosos y devotos, se dispone y apareja a la muerte con tiempo, según conviene, por cuanto cada cual se piensa más vivir y no cree que no[64] ha de morir luego; lo cual acaece sin duda por tentación y industria del diablo. Ca más claro está que el sol[65] que muchos con la tal vana esperanza, no curando, han muerto sin facer testamento ni ordenar de lo suyo. E así, cualquier que tiene caridad, y temor y celo de las almas debe al prójimo, que está doliente y en peligro de perder la vida, amonestar con gran diligencia, que principalmente todas las cosas dejadas se provea sin dilación de espiritual medecina, lo más presto [b4r] que pudiere. Ca muchas veces, según dice un decretal: La dolencia del cuerpo viene por los pecados de la alma. E por eso el papa en la misma decretal manda muy encargadamente a cualquier físico que no dé a doliente alguna medicina corporal, ante que le amoneste que recibe primero la espiritual. Empero, desto ya todos los más usan en contrario, que primero buscan la medicina corporal que la espiritual. Por semejante, aun todos los otros males y adversidades suelen venir con voluntad de Dios por los pecados, según el profeta atestigua que dice: No hay mal en la cibdad que Dios no lo haga. Entiende, cualquier enfermo o otro puesto en peligro, se debe con gran estudio inducir y ser consejado que haga paz primero con Dios, recibiendo la espiritual medecina (conviene a saber, los sacramentos de la iglesia con devoción), y haciendo su testamento

[64] En el ejemplar que ha servido para esta edición, el adverbio de negación «no» aparece tachado. Es una marca del lector, por lo que no se conserva en cuerpo del texto, sin embargo, parece tener mayor sentido la lectura del usuario.

[65] En el original aparece duplicado «que el sol», error del componedor, sin duda.

y disponiendo sus cosas ordenadamente. E no le deben dar en manera del mundo mucha esperanza de la salud del cuerpo, cuyo contrario facen muchos, aun en aquellos que están al paso de la muerte, en gran peligro de las almas, por cuanto ninguno dellos quiere oír cosa alguna de la muerte. E por ende, según el Chanceller de París: Muchas veces, por una tal y tan vana y falsa consolación y fingida acerca de la fiuza[66] de la sanidad del cuerpo, corre el hombre en cierta damnación. E por tanto debe ser el doliente amonestado, para que por verdadera y pura confesión procura la salud del alma, lo cual aunque[67] aprovechara para la salud del cuerpo.

E de esta manera podrá estar más reposado y seguro; e según dice el bienaventurado sant Gregorio: La verdadera contrición sea rala[68] y atarde; e según sant Agostín, en el cuarto de las sentencias en la XX distinción: Y los otros **[b4v]** males[69], si no cuando la espiritual sanidad del enfermo lo requiera. E en esta materia, que es de la extrema necesidad, débense muy delgadamente considerar todos los puntos, no solamente si ha hecho algunos males, más aun si ha fecho bienes a mal fin y por malos respectos, según se contiene en el compendio y tratado de la verdad teológica en el II libro, en el capítulo primero. Ca nuestro Señor es gualardonador[70] y remunerador de adverbios y no de nombres. Ca los judíos en acusar y matar a Cristo buena cosa ficieron, pues de aquella salió nuestra redención. Empero, no la ficieron bien, conviene a saber: Por buenos respectos, mas por envidia. E por tanto no basta facer buena cosa, mas por haber mérito es necesario facerla bien. E por cuanto a cada cual place el morir bien y sin peligro, por tanto, debe cada uno con mayor estudio, mientra está sano, trabajar en aprender la arte de bien morir sin esperar la afruenta[71] de la muerte. Ca yo te digo hermano mío muy caro, y créeme que entrando la grave dolencia o la muerte, la devoción sale

[66] Confianza

[67] En el original aparece tachada la partícula «que», quedando solamente aún. Por ser una marca de lectura del usuario, aunque parezca tener más sentido, no se conserva.

[68] Raro, no común, adjetivo desusado *(DRAE)*.

[69] En el original dice «rales», pero no se encontró la palabra en ningún tesoro lexicográfico. Se encuentra el sentido con «males»; probablemente fue un error tipográfico del cajista, quien colocó «r» en lugar de «m».

[70] Lo mismo que galardonador.

[71] Voz anticuada que vale por protesta, requerimiento y amonestación hecha judicialmente *(Aut.)*.

y se va. Según dice sant Agostín: Que el enfermo a mala vez puede pensar otra cosa de la que siente. E cuanto más acrecienta la dolencia y se allega la muerte, tanto va lejos y se aparta la devoción. Por consiguiente, si no quieres ser engañado, ni errar, y si quisieres ser seguro, haz con instancia y diligencia lo que puedes, mientra estás sano, y tienes todos los sentidos enteros, y eres señor de tus miembros. ¡Oh, cuántos hay que esperando la postrera necesidad se han engañado no errando de sí mismos! Por ende, hermano, para mientes y guarda, si te place que tal cosa no te acaezca. E no parezca a alguno cosa nueva o no conveniente de haber tamaño cuidado y tanto estu**[b5r]**dio, de los que están para morir, según habemos dicho. Ca, por cierto, tanta es la necesidad y fuerza de aquel paso, que si posible fuese toda la ciudad debría ir aquejadamente y estar presente, cabe el que está para morir, según que tienen por costumbre en algunas religiones, en donde luego que el enfermo se allega a la muerte, conviene que oída una tabla a cualquier hora, todos los religiosos, donde quier que estovieren, dejadas todas sus ocupaciones, corran a más andar lo más presto que podieren al que está en pasamiento. E por eso se dice a enjemplo vulgar: Que los religiosos y las mujeres por honestidad de su hábito non deben correr, salvo al que está para morir o al fuego cuando se quema la casa.

Comienza la sesta[72] parte y postrera de las oraciones que se han de decir sobre el que está al paso de la muerte

En fin, debéis saber que las siguientes oraciones se pueden decir sobre el enfermo cuando está en el paso de la muerte. E si es religioso, llamado primero el convento con la tabla, según es de costumbre deben primero decir las ledanías[73], con las oraciones y psalmos acostumbrados y ordenarios, según su costumbre. Empero si después aun sobreviniere, díganse las siguientes oraciones por algunos de los que estovieren presentes, según vieren que conviene y el tiempo lo sufre, las cuales se podrán tornar a decir muchas veces por la devoción del enfermo, si hablar pudiere. Empero cuando el doliente fuere segular[74], díganse las

[72] De sexto.

[73] Por letanía. Ledanía o letanía, alternancia común de época.

[74] De secular o seglar.

siguientes oraciones, según que la devoción o disposición del doliente y de los que están presentes lo requiere.

[b5v] Mas, ¡guay de nosotros!, que hay muy pocos, no solamente seculares más aun religiosos, que tengan y sepan esta arte y que estén cabe sus prójimos en el artículo de la muerte preguntando, amonestando, informando, y aun rogando por ellos según dicho es; endemás cuando los dolientes no mueren de grado, ni se piensan de morir. E así las almas de los que mueren pasan peligro, por la cual cosa, como toda la salud del hombre consiste en el fin, endemás que cualquier cosa toma denominación y apellido del fin. Con diligencia cualquier católico debría tener cuidado, si espera firmemente la vida venidera, de proveerse de algún compañero o amigo devoto y conveniente, que en el fin de sus días le estoviese de cerca, para que le pusiese ánimo y esfuerzo en la fe, constancia, paciencia y devoción. Y que lo incitase y aganase tener confianza y perseveranza, y que en el paso de la muerte dijiese fielmente sobre él todas las oraciones susodichas con atención y devoción. A la cual, empero, eficacia de las oraciones es muy necesaria a la dispusición del que muere, según que ya es dicho en los capítulos precedentes. Onde a cualquier que quiera bien y seguramente morir, sobre todo es menester ante la muerte le ocupe que aprenda de morir.

Síguense las oraciones

¡Oh, misericordioso Jesu! Por el amor de aquél, que a ti, hijo suyo dignísimo, inocentísimo y muy delicado, hizo por nos ser hombre, y ser ferido, y morir por la humana salud, perdona a este siervo lo que ha cometido con pensamiento, con dicho, con fecho y afeción[75], o movimientos, o fuerzas, y con todos los sentidos del ánima y del cuerpo. E en señal de ver**[b6r]**dadero perdón dale emienda suficiente, aquella con la cual todas las culpas del mundo lavaste. Y en llena supleción[76] de todos sus descuidados dale la perfeta conversación que de la hora de tu concepción hasta la hora de la muerte hobiste. Y allende todo esto, todas las buenas obras que dende el comienzo del mundo por tus escogidos han sido hechas y te han agradado o podido contentar a ti señor, digo que vives y reinas, etc.

[75] Afición.

[76] Suplencia *(DRAE)*.

Oración

En aquella unión del amor ferviente de aquél, que a ti, vida de todos los que viven forzó encarnar y con espíritu triste morir en la cruz, te rogamos, tocando al miollo[77] de tu benigno corazón, que perdones todos los pecados deste siervo tuyo. E con tu sancta conversación y mérito de tu dignísima Pasión suplas lo que él ha dejado, y le hagas experimentar aquella tan abundante muchedumbre de tus misericordias, y lo aparejes para ti por medios provechosos, así y a todos con dulce paciencia, verdadera penitencia, llena remisión, fe derecha, esperanza firme y caridad perfeta, porque estoviendo en perfeto estado, espire su alma entre tu dulce abrazo y suave beso. Amén.

Oración a dios padre

¡Oh, Padre justo sancto y muy amado! En las manos de tu infinita misericordia encomendamos al espíritu de este siervo tuyo, según la grandeza del amor, con el cual el alma santísima de tu hijo se encomiendó a ti humilmente[78], rogándote que por aquella inestimable caridad y amor, con la cual tu divina paternidad trajo a sí toda aquella alma santísima en la hora postre**[b6v]**ra, recibas el alma de este tu siervo en el mismo amor.

Otra oración

Haz pues ya, dulcísimo Señor, redemptor piadoso Jesucristo, benignísimo por aquella voz llorosa, con la cual siendo hombre, habiendo de morir por nosotros, llamaste al padre y te quejaste por ser de Él desamparado, y non alejes la ayuda y socorro de tu misericordia de este siervo tuyo en la hora del momento de la afición de su alma, el cual por desfallecimiento y fin de sus días no puede en esta hora postrera invocarte, mas por el triunfo de la Santa Cruz, y por virtud de tu gloriosa Pasión y amarga muerte tuya, ponle pensamientos de paz y no de aflición, mas de infinita misericorida y consolación. E líbralo de todos los trabajos,

[77] Meollo.

[78] Adverbio en desuso que significa humildemente *(DRAE)*.

y por aquellas manos que por él dejaste enclavar en la cruz con muy agudos clavos, líbrale de los tormentos que le están aparejados, y liévalo a la eterna holganza con voz de alegría y de confesión. Amén.

Otra oración

Misericordioso señor Jesucristo, hijo de Dios vivo, en la unión de aquél encomiendas, con el cual encomendaste tu ánima dulcísima a tu celestial Padre en la cruz, moriendo encomendamos a tu inestimable piedad la alma deste siervo tuyo, rogando a tu misericordiosa bondad, que por la honra y merecimiento de la misma alma tuya sanctísima, por la cual se salvan todas las almas y son libradas de la muerte debida, hayas merced a la alma de este siervo tuyo librándola misericordiosamente de todas las miserias y penas, y la lieves[79] por el amor y intercesión de tu dulce Ma**[b7r]**dre a contemplar la gloria de tu alegre vista.

Otra oración

Rogamos, tú, misericordioso y clementísimo Dios, el cual perdones los pecados con la muchedumbre de tus misericordias, y con el perdón remetes[80] las culpas, que quieras mirar con ojos de piedad a este tu siervo, el cual demanda perdón de todos sus pecados de todo su corazón, y renueva en él, piadoso Padre, cualquier cosa que está en él corrumpida por la humana flaqueza, y cualquier cosa que por engaño del enemigo ha estado en él trastornado, y allega a la unidad del cuerpo de la iglesia, y a los miembros de tu redención. Habe merced Señor de los gemidos de tus siervos, habe merced de sus lágrimas; y pues no tiene fiuza, sino en tu misericordia sola, recíbele en tu amor.

Oración a Dios Padre

Rogámoste todo poderoso, por tu infinita piedad, que no dejes perder esta creatura, a tu semejanza y imagen fecha y con la sangre piadosa

[79] Lo mismo que llevar (*DRAE,* 1803).

[80] Error tipográfico, seguramente debió decir remites, de remitir.

de tu Hijo redemida. Señor Dios nuestro, alárgale tu mano y líbrala del lago hondo de sus pecados. Levanta al que ha caído, suelta a esta alma que está en prisiones, alumbra la que está ciega. Sálvala, pues está ferida de mil feridas de malos spíritos. ¡Guay de la mezquina!, ¡guay de la perdida!, ¡guay della, que es de plañer y llorar con una fuente de lágrimas sin cansar! La cual, mientra vivió con las leyes de la sucia carne suya, nunca permetió que tú della gozases, ante siempre, con los pecados y vicios de tu perversa y mala vida, te ha indignado y ensañado. Empero, bien sabemos, señor Jesucristo, que todas las cosas **[b7v]** están puestas en tu voluntad, y no hay hombre que te pueda contrastar. Ca, si deliberares salvarnos, luego seremos librados. Saca Señor, de aquella dureza y piedra de su corazón abundancia de lágrimas, pues de la peña del desierto mandaste salir gran copia de agua corriente. Señor Jesucristo, pues eres luz verdadera, y así nosotros te acatamos. ¿Por qué sufres que estemos en escuridad? ¡Guay de nos! Adoramos la lumbre y levamos a cuestas las tenieblas. Servimos a la verdad, y con ficiones[81] de vanos pensamientos somos engañados. Señor, tú que alumbraste las cuevas del infierno con los rayos de tu divinidad y las tinieblas de Egipto mediante las oraciones de Moysén[82], siervo tuyo, fuera echaste, para mientes a esta confusión, y visita el enfermo escuro de su corazón con tu lumbre, porque no pueda el príncipe de las tinieblas poseer en la escuridad suya la alma, que por tu luz eterna redemir quesiste[83]. Tú, Señor, que alumbraste al que era ciego desde el nacimiento, alúmbrale. Tú que alimpiaste[84] los leprosos, apura esta alma. Tú que resuscitaste a Lázaro del monumento, resucita la que está dentro toda hedionda y cargada de un grave peso. Tú que libraste a Daniel de los leones, líbrala. Tú que delibraste[85] a los tres niños de la fornaz del ardiente fuego, delíbrala. Tú que delibraste a David de las manos de Golías[86] y Saúl, delíbrala. Tú que sacaste a Pedro de la prisión de Herodes, líbrala. Tú que escapaste a los hijos de Israel de la persecución de faraón, líbrala. ¡Oh, bendito Señor, glorioso y piadoso juez, nosotros queremos desechar de nuestra conciencia todos los males y pecados, y obedecer a tus sanctos mandamientos. Mas, porque de nosotros mismos

[81] Ficción (Nebrija).
[82] Moisés, variante común de época.
[83] Quisiste.
[84] Limpiar, alimpiar, del latín tardío (*DRAE*).
[85] Voz anticuada, que significa amparar, defender *(Aut.)*.
[86] Goliat.

facer no lo podemos, [c1r] tenemos esperanza en ti; no hallamos cosa buena en nuestra carne. Ca, pregunto Señor, ¿cuál de los santos pudo haber jamás de sí la virtud de sanctidad?, ¿quién por sí ha subido sin tu ayuda a la cumbre de la perfeción? Por cierto, Señor, sant Pedro, ni sant Pablo, ni el mártir, ni el apóstol, ni los mismos ángeles, ni querubines o serafines no podieran haber habido bien alguno, si de ti no lo hobiesen alcanzado. Pues luego, si las virtudes de los cielos ninguna cosa de sí tienen, mas de ti lo han habido todo; qué podremos esperar de nos mismos que somos estiércol gusanos y polvo, si tú no nos lo quisieras dar. Tú eres padre de las lumbres de quien procede cualquier buena dádiva y don perfeto. Tú eres de quien todos los bienes proceden. Tú eres fuente de vida. Tú eres facedor de la eterna salud. Ca así como la tierra no ha bien alguno de sí, mas del cielo; así nuestra alma, como la tierra sin agua, es escura y sucia y seca; sino que mojada con el rocío de tu gracia fuere alumbrada con el rayo de tu resplandor. E nosotros, Señor, buscamos entre nos para te ofrecer algo de lo nuestro. Mas, cuando bien transtornamos los secretos de nuestro corazón, no fallamos ende sino tinieblas. Para, pues, mientes, Señor, a la miseria de este siervo tuyo, mira a su mucha pobreza y dale la gracia de repentimiento, con la cual pueda alimpiar el orín de su alma y lavar las tan sangrientas suciedades de sus pecados. Lanza, Señor, este hijo de su cuerpo y enciende en él la flama de tu dulce caridad. ¿Podrá, Señor, quizá su pecado vencer la gran abundancia y desmesurada de tu piedad? ¿La cual no han podido sobrar todos los pecados del mundo? Ca, siendo todo el mundo dado a la idolatría, quien toviera presumpción de rogarte, que no po[c1v]diendo los cielos abastar[87] a te posentar y recibir, vinieses a morar en la angostura del vientre de la Virgen, y tomases los miembros de nuestra mortalidad. Pues piadoso y clementísimo Señor, si todos los pecados del mundo no han vencido la grandeza de tu misericordia, como los pecados de un can muerto, cuanto quier graves la sobraran no plega a Dios. Ca, dijiste, no quiere la muerte del pecador. E otrosí gozo hay y alegría en los cielos por un pecador que hace penitencia, que es lo que dice el profeta, que tus misericordias son más de maravillar que todas tus obras. Di, Señor, ¿no te dejaste tocar a una mujer sucia y hedionda, que tenía flujo de sangre, cuya presunción no condenaste, ante, en tocando el hilo y veta de tu vestidura, luego, la perdonaste? Y tú, Señor manso y piadoso, ¿no sabes que inclinaste a

[87] Bastar.

fablar a aquella samaritana farrera[88]?, y lo que es más, ¿no fablaste con la cananea que adoraba los ídolos? Pues luego, Señor piadoso, muestra la regla de tu piedad en este siervo tuyo, y torna a encender el pequeño fuego de su alma desaventurada con nudrimiento[89] de tu aceite. No pide la misericordia de Pedro ni de Pablo, puesto que habiendo el uno pecado por ignorancia, y el otro por miedo, prestamente mereció cada cual ser perdonado. Otórgale, tú, Señor piadoso, aquella especie de misericordia, y dale a su ánima enferma, o que ya muere, aquella medicina suave, que por tu misericordia ofreciste al ladrón colgado en la cruz. E este siervo tuyo, después delibrado de los guargueros[90] de la muerte que le tenía para tragar, te pide aquella especia de misericordia que heciste a la que fue fallada[91] y tomada en adulterio y alevosía. E la gracia que heciste a la pecadora en casa de Simón, la cual, enjugando tus pies con **[c2r]** sus cabellos, alimpió su alma de la suciedad de los pecados. Pues, Señor, enciende a este siervo tuyo, con tu amor alímpialo, sean henchidas tus entrañas de tu amor, para que su alma le bendiga. Descienda sobre él tu misericordia. Ca para esto te envió Dios Padre en la tierra, que salvases los pecadores, con el cual tú vives y reinas, Dios por todos los siglos de los siglos. Amén.

Oración al Hijo

Recuérdate, Señor Jesucristo, que no con oro y plata, mas con el precio de tu propia sangre has redemido este siervo tuyo. ¡Oh, Señor piadoso! Permeterás[92], con la saya del baptismo que le diste y con la bandera de la cruz que en la fruente[93] le pintaste, que no venga en las manos del enemigo y que sea atormentado con eternos tormentos. Señor, nosotros sabemos que eres tan misericordioso, que si nos volviéramos a ti, luego nos recibrás[94]. Empero, porque somos tan flacos y ignorantes, que el

[88] Parece ser nuevamente un error tipográfico, farrera en lugar de jarrera. Jarrero es el que hace o vende jarros, pero también el que cuida del agua o del vino que se pone en ellos (*DRAE,* 1803).

[89] Nutrimento.

[90] Garguero: Parte superior de la tráquea *(DRAE).*

[91] Hallada.

[92] Permitirás.

[93] Frente.

[94] De recibirás. En el texto se muestra la forma apocopada.

tornar a ti no se puede facer por nos sin tu gracia. Señor Dios, salvador nuestro, convierte a este siervo tuyo, alúmbrale su alma, enciende en él [la] flama de tu amor. E quizá, señor Jesucristo, piadoso y justo, tantos son sus pecados que ninguna penitencia abasta a los llorar. E, por tanto, Señor, cata aquí su cuerpo con el cual te ha ofendido. Tú que eres físico de las almas, azótale, hiérele y májale con lepra o con cualesquier trabajos que te pareciere, ca tu criatura es. Por consiguiente, dale azotes, no le entregues en las manos de sus enemigos, o si tanto te ha estendido[95] su iniquidad que no se pueda en esta vida quitar, manda ser afligido con tus penas de venganza hasta el día del juicio, porque a lo menos merezca ser postrero [c2v] de los escogidos. Ebala[96] Dios, que el señor te pida la gloria, ca harto abasta que sea delibre de la pena. E por cuanto nuestros mal compuestos ruegos no se merecen subir a ti, rogamos a ti, Virgen gloriosa, rogamos a ti, templo de Dios vivo, sala del rey eterno, sacristá[97] del espíritu santo, bendita eres entre las mujeres, que seas por nos intercesora. Ca nosotros olemos el campo de tu sagrado vientre, del cual saliendo aquel singular lilio, con él sale toda la yema de las virtudes espirituales. Tú eres aquella celestial tierra que dio su fruto. A ti dio increíble sombra la virtud del alto Dios. Por tanto, presenta nuestras rogarias[98] al Hijo y Señor y criador tuyo. Ruega por este siervo tuyo, cuyos deseos no pueden ser menospreciados, cuyas oraciones en su presencia no pueden ser desechadas. Ave Señora, este desventurado hallado en delito es levado a la horca, y como un robador a que le cortan la cabeza, y como un traidor al juicio. Levántate pues, Reina, y se intercesora, y entra a tu hijo para que le libre. Sal tú, Miguel, adelante, pues eres príncipe de la celestial caballería, el cual en el fin del mundo has de matar al Antecristo, que se levantara soberbiosamente contra Dios, y échale del corazón de este doliente, en el cual tienta de reinar. Libra la alma de este de tentación mientra está en el cuerpo, para que después de la muerte la puedas dignamente presentar al creador. Ayúdale, tú, Gabriel, que eres el fiel ayudador de las celestiales bodas, y salva este pecador con tus oraciones, pues fueste enviado por embajador para denunciar el que había de venir en el mundo para librar los pecadores y miserables. E tú, ángel Rafael, remedia a esta alma perdida, pues quitaste el demonio a Sara y tornaste la vista a Tobías. Quita

[95] Extendido.
[96] Suspirar, querer intensamente *(DRAE)*.
[97] Sacristán.
[98] Lo mismo que ruego, súplica. Es voz anticuada *(Aut.)*.

de la alma [c3r] de este doliente el mal el espíritu. En el ciego corazón suyo pon resplandor de verdadera lumbre. Todos los santos ángeles, rogad por él. Todas las santas vírgines y potestades y dominaciones, y todos los santos principados, rogad por él. E tú, santo coro del trono, ruega por él. Santo coro de los querubines, ruega por él. Santo coro de los serafines, ruega por él. Todos los santos patriarcas, rogad por él. Todos los santos profetas, rogad por él. Ruegue por él, senado juez de los apóstoles. El coro y compañía blanca de los mártires, ruegue por él. Rueguen por él todos los santos confesores. Todas las santas vírgines y viudas, rogad por este pecador. Todos los santos y santas de Dios, rogad por él. Pregunto: ¿Qué muchedumbre de pecados tan cruel puede ser, que no pueda ser perdonado con la intercesión de tantos senadores celestiales? Ca no puede ser vacío de misericordia el que es unido con la misma fuente de misericordia. Bien sabemos, Señor, que no merecemos llegar a las santas puertas de tu iglesia, ni levantar los ojos al cielo y no somos dignos [de] tu bendito y glorioso nombre hablar, con nuestros sucios besos fablar y pronunciar. Mas rogámoste que venga el tu espíritu en la alma de este siervo tuyo, y le alimpie todas sus mancillas y tachas. Ca si este Sol que no es de las más altas creaturas, tiene tantas fuerzas que alimpia las tachas y suciedades, y alumbra las tierras, y haga los campos abundosos, cuanto más si tu coeterno y consubstancial espíritu quisiere recrear este árbol seco y sin hojas. Ca cierto es que lo podrá vestir de flores y virtudes, y de la hermosura de los frutos del verano. Ven, señor Jesucristo, dulce morador en este siervo tuyo. Tu olor vence to[c3v]dos los perfumes y olores. Tu suavidad todos los panares[99] de miel traspasa. Ven, Señor, y toma este siervo todo para ti, porque el tirano dende adelante reconozca no tener en él parte alguna, mas tómale todo para ti. El cual vives y reinas, Dios, con el Padre y Espíritu Sancto, por todos los siglos de los siglos. Amén.

Oración al Espíritu Santo

¡Oh, Espíritu Santo, Dios omnipotente consubstancial y coeterno al soberano Padre y al Hijo! El cual procedes de ambos, tú, maravilloso alumbrador, echa las tinieblas de este siervo tuyo, e así como la Virgen pudo concebir, tú sobreviniendo el Verbo divino, así podamos nosotros, por la ayuda de tu gracia, haberlo por socorro. Ca, tú, Señor, eres luz de

[99] Panales; alternancia común de época.

los pensamientos, tú eres virtud de los corazones, tú, vida de almas. Tú otorgaste a los santos apóstoles que llenamente conociesen los sagramentos[100] de la humana redención y predicasen la regla de la fe con la lumbre de la verdad. Tú diste a los santos mártires la osadía de la santa libertad, para que no temiesen a los príncipes del mundo y pasasen con gran constancia las más escogidas maneras de tormentos. Tú que estableciste el fundamiento de la fe por boca de los profetas y patriarcas. Tú diste a todos los santos el querer y poder de todas las virtudes con que subiesen al cielo. Pues, luego, este pecador cómo podrá sin ti ser salvo, el cual reconoce que sin ti aun no puede facer oración. Por cierto, Señor, si tú te vas, no vivirá nuestra alma. Ca[101] bien como quitada la alma, el cuerpo no vive. Así, tú apartándote, conviene que la misma alma luego muera. Nosotros, Señor, sentimos que cuando **[c4r]** por la gracia escondida tu vigor a las veces se allega luego, nuestro espíritu convalece, y cuando por nuestros pecados te apartas, luego nuestra alma desventurada se seca, podrece[102] y cae, ni se levanta para que se ejercite en el estudio de la pura oración. Desciende, tú, pues, eterno dador de vida en este pecador, y escalienta[103] y enciende su velo con la flama de tu dulce caridad. Lávale la cabeza con agua de lágrimas, y derrite y ablandece su duro corazón. Tú, Señor, ante de la creación del mundo andabas sobre las aguas, y agora para lavar las almas desciendes a los ríos de esta fuente de vida. Ven, pues, en este pecador con agua de repentimiento y dale a beber con lágrimas de medida. ¡Guay, del mezquino y pecador! Infinitas cosas ha cometido para deber llorar y no puede. Destilla pues en él, tú, Señor, la lluvia de tu gracia, porque la alma que apartándose de la fuente de la vida se había secada, con nuevo resollo[104] [y] perpetua inspiración reverdezca. Habe, Señor, todos los senos de nuestro corazón te abrimos, y los secretos de nuestro pecho te manifestamos, y esperamos sin cansar tu venida. El ojo de la carne tiene su lumbre, que es el sol, más el ojo que está dentro espera a ti, que eres luz de las almas. Tú que alumbras al que desde el nacimiento era ciego, alúmbrale. Tú, que resucistaste[105]

[100] Sacramento.

[101] En el original dice «ea», error de composición tipográfica, seguramente debió decir: ca.

[102] Pudrimiento (Nebrija).

[103] Lo mismo que calentar, voz antigua *(Aut.)*.

[104] Lo mismo que resuello *(DRAE,* 1803).

[105] En el original dice «resucitasta», debió ser un error de composición tipográfica.

a Lázaro del monumento, dale la eterna vida. ¡Guay, guay, de tu alma desaventurada! Pues eres vida del cuerpo, yaciendo muerta no mereces haber el espíritu de vida. E así muerta vives en tinieblas, y con todo, tú das vida al cuerpo, mas no puedes ver por cuánto no tienes al propio lumbre. Ven, pues, ya, espíritu de verdad, y echa de este siervo tuyo poderosamente todos los espíritus de error. Júzgale y [c4v] fazle justicia de los que le quieren dañar, vence a los que le quieren conquistar. Toma las armas y el escudo y entiende en su ayuda. Tú, Espíritu Santo, alimpiador, Dios eterno, eres fuego que consuma y gasta. Tú eres spíritu de juicio, tú espíritu de ardor. Tómale, pues, ya, su corazón y alimpia con la virtud de tu fuego el orín de todas sus culpas y vicios, y lanza el espíritu de pecado, enemigo tuyo, de todos sus sentidos. Ven, tú, espíritu de verdad, y, como escodriñador y pesquisidor, entra en las venas de las entrañas de este. Tírale cualquier levadura y cualquier vicio que en él fallares[106] que sea corrompido por la contagión de la vejez. E fazlo cenceño[107], y con la puridad de tu limpieza, sencero[108]. Al que está muerto, cuanto así, tórnale vivo para ti, amortigua en él todos los carnales deleites, cuécelo y hazlo puro, que esté muerto cuanto a los vicios y al mundo. Ven, pues, tú, espíritu de bendición eterna, y hinche todos los escondrijos de tu corazón de la maravillosa suavidad de tu dulcedumbre. Nuestra alma con tu venida se derrite, para que renovada por ti convida la virtud del cielo y torne al principio de su fuerzo, y arda con tu amor con las entrañas encendidas, e reciba la abundosa bendición de tu gracia, para que te ofrezca sacrificios de miollos, e engordado de la grasa de tu amor se haga espeso y lleno. Tú, luz de verdad, alumbra este siervo tuyo. Enciéndelo, esmétalo[109], ca tu eres el repartidor de las gracias. Tú eres el hacedor de todas las sanctificaciones y perdonador de todos los pecados. Tú inflamas con el fuego de tu caridad las virtudes angélicas para que te amen. Los querubines y serafines sin comparación arden en tu amor. Tú, Señor, tómale todo y apropiatele para ti, y no de[c5r]jes en él parte alguna, mas vive en él solo y faz que él viva a tu solo servicio. Tú que vives y recibes gloria en la Trinidad perfeta, uno y verdadero Dios, por todos los siglos de los siglos. Amén.

[106] Hallares.

[107] Pan casi sin levadura. Dios mandó a los hijos de Israel que comiesen de ese pan, que es más pesado al estómago, cuando los sacó de la cautividad de Egipto (Cov.).

[108] Sincero.

[109] De esmaltar. Adornar de varios colores alguna cosa *(Aut.)*.

Oración para el paso de la muerte

¡Oh! Dios omnipotente libra a este siervo del infierno y líbralo de la pena eterna, y del fuego que nunca se amata, y líbrale de las manos de Satanás. Líbrale de los gusanos y mortales. Líbrale de las moradas de los malos. Líbrale de la eterna congoja. Líbrale de todos los males. Líbrale de las tinieblas de fuera. ¡Oh! Cristo, pues en ti confía, no deseches la obra de tus manos. Rogamos a la santa y bienaventurada Madre de nuestro señor Jesucristo, y a todos los santos ángeles, y a los patriarcas y profetas, y todos los apóstoles y mártires, todos los confesores y vírgines, por semejante, a todos los santos y escogidos que en la hora espantable, cuando la alma aura de salir del cuerpo, queráis por él interceder al muy alto Dios. ¡Oh! glorioso Miguel arcángel, que recibiste poderío de recibir las almas, recibe el alma de este siervo tuyo cuando saliere de la cárcel del cuerpo y líbrala del poder del enemigo, para que pueda pasar de las penas del infierno y de las carreras de las tinieblas, para que no le salga adelante el león y dragón que ha acostumbrado levar las almas a los eternos tormentos del infierno. Rogámoste sant Pedro, príncipe de los apóstoles, el cual hobiste las llaves del reino de los cielos, que le quieras abrir las puertas del paraíso; por el misterio de la santa Incarnación, líbrale. ¡Oh! Señor, por la sancta circuncisión tuya, [c5v] líbrale. Por tu santa predicación, líbrale. Por tus santas maravillas, líbrale, y no le entregues en poder de sus enemigos, y líbrale del engaño de los demonios. E por tu Pasión, absuélvelo de las penas que merece por sus pecados. Por tu Santa cruz, defiéndele de las acechanzas de todos sus enemigos. Y por tu sagrado cuerpo que estuvo colgado en la cruz, no entres en disputa y juicio con tu siervo. E rogámoste, por la preciosa sangre que por tu pueblo derramaste, que no te quieras ensañar con este siervo tuyo, ni tomes venganza de sus pecados. E por tu santa muerte, Señor, líbrale de la damnación[110] eterna. Por tu santa Resurrección, hazlo resucitar a la gloria venidera. Por tu sancta subida, hazlo subir al cielo. Por la venida del Espíritu Santo, alúmbrale el pensamiento y el corazón. Señor, socórrele a la hora de la muerte, porque el enemigo no haya en él parte. Señor, líbrale en el día del juicio y plégate colocarle a la diestra con tus sanctos. Líbrale,

[110] Condenación, pena y castigo eterno de los condenados al infierno *(Aut.)*.

Señor, por tu sancta misericordia. Sancta María, ruega por él. Sancta Madre de Dios, ruega por él. Sant Miguel arcángel, ruega por él. Sant Gabriel, ruega por él. Sant Rafael, ruega por él. Todos los sanctos ángeles y arcángeles, rogad por él. Todos los sanctos órdenes de los bienaventurados, rogad por él. Sant Juan Baptista, ruega por él. Todos los santos patriarcas y profetas, rogad por él. Sant Pedro, ruega por él. Sant Pablo, ruega por él. Sant Andrés, ruega por él. Santiago, ruega por él. San Juan, ruega por él. Sant Bartolomé, ruega por él. Sancto Thomás, ruega por él. Todos los discípulos del Señor, rogad por él. Todos los sanctos inocentes, rogad por él. Sant Esteban, ruega por él. Sant Vicente, ruega por él. Sant [c6r] Fabián, ruega por él. Sant Sebastián, ruega por él. Sant Llorente, ruega por él. Sant Blas, ruega por él. Sant Valentín, ruega por él. Sant Jorge, ruega por él. Sant Cristóbal, ruega por él. Sant Saturnín, ruega por él. Sant Sixto, ruega por él. Sant Cibrián, ruega por él. Sant Clete, ruega por él. Sanctos Cosma y Damián, rogad por él. Vosotros, Marcellino y Pedro, rogad por él. Sant Mauricio con tus compañeros, rogad por él. Rogad por él todos los sanctos mártires. Sant Silvestro, ruega por él. Sant Gregorio, ruega por él. Sant Agostín, ruega por él. Sant Jerónimo, ruega por él. Sant Ambrosio, ruega por él. Sant Martín, ruega por él. Sant Valer, ruega por él. Sant Nicolás, ruega por él. Todos los sanctos pontífices y doctores, rogad por él. Sant Antonio, ruega por él. Sant Gil, ruega por él. Sant Columbano, ruega por él. Sant Benito, ruega por él. Sant Guilermo (*sic*), ruega por él. Sant Giraldo, ruega por él. Sant Leonardo, ruega por él. Sant Francisco, ruega por él. Sant Domingo, ruega por él. Todos los santos monjes y ermitaños, rogad por él. Todos los santos confesores, rogad por él. Sancta María Magdalena, ruega por él. Sancta María Egipcíaca, ruega por él. Sancta Marta, ruega por él. Sancta Felicitas, ruega por él. Sancta Lucía, ruega por él. Sancta Inés, ruega por él. Sancta Cecilia, ruega por él. Sancta Anastasia, ruega por él. Sancta Úrsula, ruega por él. Sancta Eulalia, ruega por él. Sancta Catalina, ruega por él. Sancta Bárbara, ruega por él. Sancta Engracia, ruega por él. Sancta Cunera, ruega por él. Sancta Margarita, ruega por él. Sancta Brígida, ruega por él. Sancta Anastacia, ruega por él. Sancta Clara, ruega por él. Sancta Quiteria, ruega por él. Santa Alo[c6v]dia, ruega por él. Todas las santas vírgines, rogad por él. Todas las santas vírgines, ruegad por él. Todos los santos y santas de Dios, rogad por él.

Oración a la Virgen María

¡Oh! María, Virgen bendita y sin mancilla, ayudadora en toda tribulación, socórrenos dulcemente, y muestra a este siervo tuyo tu glorioso aspecto en su postrera necesidad, y destruye todos sus enemigos en virtud del muy amado hijo tuyo, nuestro señor Jesucristo, y de la santa cruz, y defiéndelo poderosamente del dragón infernal, y de la vista de aquel, y de todo engaño de los spíritos malos. E después de él librado, de toda angustia, y de todo trabajo del cuerpo y del ánima. Recíbele en el reino de los cielos, en donde te diga loores en todos los siglos de los siglos. Amén.

E después podrán continuar el himno de *Ave Maris stella. Quem terra pontus*, o gloriosa dueña. Y la Salve Regina, o otra antífona[111] y en fin digan el verso: *Ora pro eo sancta dei genitrix*, etc. Otrosí: Oremus. *Concede nos famulos tuos etc.* Con las otras oraciones de Concede.

Oración al glorioso sant Miguel

Sant Miguel, arcángel de nuestro señor Jesucristo, socórrenos delante del muy alto juez o peleador nunca vencido; ayuda a este siervo tuyo que está ya en el artículo de la muerte y defiéndelo del dragón infernal, y de la vista de aquel, y de todo el engaño de la serpente ponzoñoso. Sobre todo esto, rogámoste esclarecido y hermoso servidor del eterno rey, que en esta postrera hora deste siervo tuyo lo quieras recibir piadosamente, y lievas aquella ánima al seno del muy **[c7r]** alto Dios, y al lugar del refrigerio de la paz y holganza. E tú, endemás, buen ángel, custodia guárdale.

Oración al mismo santo

Miguel, príncipe glorioso, capitán de las huestes del cielo, recibidor de las almas, vencedor de los males espíritus, capitán maravilloso de la Iglesia, socorre a este siervo tuyo con toda la escuadra de los spíritos bienaventurados, porque en este paso de la muerte, detenido, aquel león bramante no lieve su alma al infierno, más sostentando por tu virtud no

[111] En el impreso dice «antífena», error de composición tipográfica.

tema sus espantos, ni admeta[112] sus engaños, y hazlo morar para siempre en el reino de los cielos. Amén.

Oración al Ángel custodio

¡Oh! Ángel custodio glorioso, el cual fueste[113] divinalmente, dendel[114] comienzo del nacimiento, dado guarda para este siervo, rogámoste humildemente y devota que en esta espantable hora este siervo, a ti encomendado, defiendas y enfortezcas, y lo confirmes en la fe católica; porque aquel enemigo antiguo no le entre con algunos consejos o engaños, y que no se desconfíe del perdón de sus pecados por cualesquier miedos, y que sostengan con paciencia los dolores de la muerte, con cualesquier vejaciones; él espera de ti gran ayuda. En ti señaladamente confía, ca tú sabes todos sus pecados; excúsale de todos ellos en la presencia de Dios, para que se alegre contigo sin fin, delante de nuestro redentor. Amén.

Encomendación

Hermano muy amado, encomendámoste a Dios omnipotente, cuya creatura eres, porque [c7v] después que hobiéredes pagado con la muerte la natural deuda, tornes al criador que te formó de lodo. E así la alma tuya, saliendo del cuerpo la compañía resplandeciente de los ángeles, sálgate adelante, y el senado juez de los apóstoles, tú esté[s] presente, tópese contigo la hueste de los blancos mártires, la gente llena de lilios, de los rayantes confesores te esté enderredor. El coro de las alegres vírgines te reciba, y en señal de gloriosa holganza aparézcate el brazo de los patriarcas, el cual de continuo delibere de estar entre los que le están presentes, y que no sepas lo que en las tinieblas se espante, y lo que en las flamas regaña los dientes, y lo que en los tormentes[115] pena. Huya de ti el sucio Satanás, con sus compañeros, y tiemble viendo que te acompañan los ángeles, y tórnese a la confusión del infierno. Levántese Dios, y sean

[112] Admita.
[113] Fuiste.
[114] Aglomeración de la preposición en desuso «dende» (desde) más artículo «el».
[115] Tormentos.

sus enemigos destruidos, y huyan de su rostro los que han aborrecido. E fallezcan así como el humo, y así como desfalece y se derrite la cera delante del fuego, así perezcan y mueran los pecadores en la presencia de Dios, y los justos coman en la presencia de él. Sean con el fuego confundidos, y córranse todas las legiones del infierno; los ministros de Satanás no osen empachar tu camino. Líbrete Cristo del tormento, y aquel que es hijo de Dios vivo, te reciba en los lugares deleitables de tu paraíso. E aquel verdadero pastor te reconozca entre sus ovejas. Absuélvate aquel de todos tus pecados, y póngate a la diestra de sus escogidos, para que veas faz a faz tu redentor. E estoviendo presente, veas con tus bienaventurados ojos la manifiesta verdad. E entre las huestes y las compañas de los bienaventurados, uses de los gozos de la contemplación divina.

LA CONTIENDA DEL CUERPO Y ALMA
COMPUESTA POR ANTÓN DE META

[d1r]

COMIENZA *LA CONTIENDA DEL CUERPO Y ALMA:* COMPUESTA POR ANTÓN DE META.

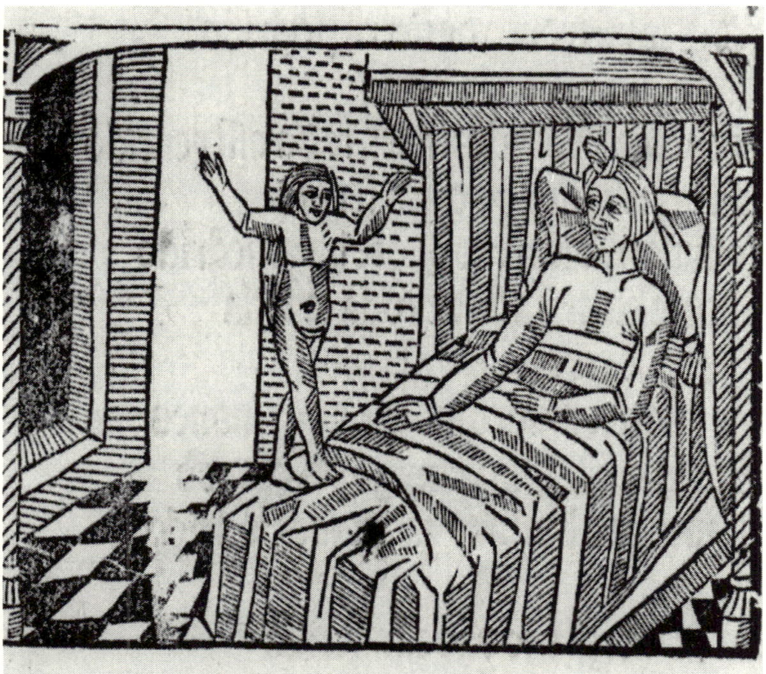

Durmiendo en un lecho velando cansado,
cubiertos mis ojos de su cubertura
vino me visión muy cedo privado,
terrible espantable de fea figura.
Una alma triste de fuerte ventura,
que era entonces del cuerpo salida

con voz espantosa gritando apellida
faziendo gran llanto sin toda mesura.

Comienza la alma

Llegando al cuerpo con mucha presura,
allí do yacía muy frío tendido
con fuertes palabras llenas de amargura,
reptando[1] le dijo, –dezí dolorido,
[d1v] o carne mezquina ¿Quién te ha reboluido[2],
así en un punto a echarte en el suelo?
Veo te negra y llena de duelo.
Pareces un trunco de tierra podrido.

Pues dime si puedes ¿quién te ha así vencido,
así derribado con chica ferida?
La muerte bien creo que te ha amedrido[3],
pues te ha quitado de toda la vida.
Véote que eres ya aborrecido
de padre y madre, mujer y hermanos.
Tus hijos, parientes, amigos cercanos
aquí te han lanzado ya medio podrido.

La tu fuerza veo ya desfallecida,
tus miembros perdidos muy flacos, dolientes,
tu muy linda cara, donosa garrida,
tus ojos tan claros, donosos rientes.
Tu boca pequeña y tus blancos dientes,
tus luengos cabellos primos[4] delicados,

[1] Lo mismo que retar *(Aut.)*. Documentado desde 1445 en Juan de Mena: «el señor Ajas con el escudo de siete doblezes, reptando a Ulixes» (CORDE en línea, consultado 22 noviembre 2017).

[2] De revolver. Vale por inquietar, enredar, mover sediciones, causar disturbios y dessazones. Latín. *Turbare. Perturbare (Aut.)*. Documentado desde 1552, texto anónimo: «varon lleno de engaño que fue engendrado y fue reboluido con sangre de delito y aguas de culpa» (CORDE en línea, consultado 22 noviembre 2017).

[3] Amedrido, posiblemente de amedrentar v.a. Infundir miedo, causar espanto *(Aut.)*. Esta forma léxica no se encuentra documentada en el CORDE.

[4] Significa también excelente, primoroso *(Aut.)*.

en angusta casa los veo lanzados,
cubiertos de tierra podridos sedientes.

Ni oyes ni ves, ni palpas ni sientes,
ni has los tus sesos en ti corporales,
de ninguno dellos si bien paras mientes,
no te aprovechas ni puedes ni vales.
Tus mercadurías y grandes caudales,
muy poco te valen en esta jornada,
[d2r] ni te han podido tener emparada[5],
tus grandes riquezas bienes temporales.

¿Do son tus moradas y grandes casales,
y torres muy altas de cal y de canto?
¿Diversas monedas y muchos metales,
el mucho tesoro que llegues a tanto?
Todos te dejaron cubierto con manto
de poca valía y muy poco precio.
Pasaste la vida así como necio,
por donde yo paso la pena y quebranto.

Penas terribles y de gran espanto
por ti yo padezco y por tu maldad.
Jamás en el mundo ni tanto, ni cuánto,
tú nunca te diste a fazer bondad.
Con baratería[6] y poca verdad
tu vida feziste amando mentira,
por donde soy puesta por Dios en su ira,
damnada[7] en infierno por tu torpedad.

[5] Amparar. v. a. Favorecer, ayudar, tomar debajo de su protección algún desvalido, o necesitado. Vale también, según el dialecto forense de Aragón, hacer embargo de bienes muebles. En lo antiguo se decía Emparar *(Aut.)*.

[6] El cohecho ò soborno que recibe el Juez por la senténcia que dá *(Aut.)*. Documentado en Francisco Delicado, 1528: «Cómo la Lozana entra en la baratería de los gentiles hombres y dice…» (CORDE en línea, consultado 22 noviembre 2017).

[7] De damnar, lo mismo que condenar, condenada. Con este sentido, *Autoridades*, versión impresa de 1732, recoge la forma *damnación*: Condenación, pena y castigo eterno de los condenados al infierno. Es voz Latina añadida la última n, con la qual se le forma terminación castellana. Usase de ella solo en la pena eterna. Latín. Damnatio.

Con gran vanagloria y gran liviandad
pasaste en el mundo viviendo sin tiento.
Nunca mostraste haber caridad,
ni diste a comer al pobre fambriento,
ni diste a beber al que era sediento.
Ni menos posada a los peregrinos,
ni tú vestiste los pobres mezquinos,
que están enfermos por Dios no te miento.

[d2v]Nos nunca te vimos en soterramiento[8]
de pobre alguno que dieses mortaja.
Ni de te limosna hovo sentimiento,
yamás hombre alguno de sola miaja[9].
E así ponías en la tu cerraja[10]
la llave y por la casa volvías.
Que aún Dios te vala, decir no querías,
ni los estimabas tú más que una paja.

Ca gran razón tengo de darte batalla,
pues paso tal pena por la tu malicia.
Tú menospreciando aquesta batalla
con siete pecados tomes amicicia[11].
Soberbia, lujuria, envidia, avaricia,

Además, encontramos, la forma *dañados*: Se llaman también los condenados a las penas del infierno; pero en este sentido tiene hoy poco uso. CORDE recoge más de un centenar de casos del uso de la forma *damnación*, tanto acentuado como inacentuada. El testimonio más antiguo procede de los *Evangelios e epístolas con sus exposiciones en romance* de Gonzalo García de Santa María de 1485. En la edición de pliego suelto que se conserva en la British Library, las palabras damnada, damnación, damnar y damnados aparecen como dañada, dañación, dañar y dañados, respectivamente.

[8] De Soterrar. v. a. Enterrar, poner alguna cosa debaxo de tierra. Lo mismo que entierro *(Aut.)*. Documentado en Anónimo, 1450, «scrivió los fechos e la dignidat e la muerte e el soterramiento d'ellos. E fizo dos libros» (CORDE en línea, consultado 22 noviembre 2017).

[9] Lo mismo que migaja de quien es contracción, y es muy usado en Aragón *(Aut.)*. Documentado 1535 Jaime de Huete: «que no ay para pensar paja, ni aun un grano de cebada, y yo no tengo miaja» (CORDE en línea, consultado 22 noviembre 2017).

[10] Lo mismo que cerradura. Puede venir del nombre herrage *(Aut.)*.

[11] Lo proprio que Amistád. Es voz puramente Latina introducida sin necesidad en el castellano. Lat. *Amicitia (Aut.)*.

ira, y gula y aún con pereza.
En todos aquellos pusiste firmeza,
faziendo pesar al rey de justicia.

En el primero dende[12] puericia[13],
todo temor de Dios posposado[14].
Reinó en ti siempre la mala cobdicia,
un muy cruel vicio y desordenado.
En tu mocedad has perseverado
en mal sobre mal, en mal ejerciendo.
Así has finido tu vida riendo,
sin fazer penitencia de algún pecado.

Aun sabes bien que has quebrantado
los diez mandamientos que Dios ordenó.
[d3r] Porque muchos dioses tú has adorado,
e tú renegaste del que te formó.
E aún al padre que te engendró,
mucha deshonra y pesar le diste,
muy mal galardón sabes que le rendiste
a aquella madre que a ti parió.

Por esto seremos entre tú y yo
echados por siempre daquel paraíso,
el cual Jesu Christo para nos ganó
cuando la muerte en la cruz por nos priso[15].
E con la su sangre redemir nos quiso
daquel poderío cruel del diablo.

[12] Adv. de tiempo y lugar. Equivale a lo mismo que Desde. Es compuesto de la preposición De, y el adverbio Ende, suprimida una e; pero yá tiene poco uso *(Aut.)*.

[13] La edad del hombre que media entre la infáncia y la adolescéncia *(Aut.)*.

[14] Lo mismo que pospuesto, part. pass. del verbo Posponer. Lo assí puesto o colocado después de otras cosas. Latín. *Pospositus, a, um (Aut.)*. El CORDE documenta *posposado* en cuatro casos en dos documentos anónimos, 1472 y 1481: «posposado el temor de Dios y la correccion real» (CORDE en línea, consultado 22 noviembre 2017).

[15] En el original «piso». Error de la composición tipográfica. Documentado en el CORDE en España en once casos en cuatro documentos. «E faz cruz sobre ti en onrra de aquella cruz en que él priso muerte por los peccadores», Anónimo, 1469 (CORDE en línea, consultado 22 noviembre 2017).

Pues dame respuesta a esto que fablo
si eres sin culpa, pues eres aviso[16].

Responde el cuerpo

Viendo el cuerpo tan fuerte reprehensión
del alma damnada que lo reprendía,
con mucho refuerzo y de muy bon son
sin facer algo delo que él decía,
cuando él vio que la hora venía
de fazer al alma las responsiones[17],
fizo le respuesta con sus justas razones
según que le sigue así le decía:

–O alma damnada de poca valía,
¿de dónde te viene a mi reprehender
de lo que en la vida fazías cadaldia?
[d3v] Llamas me culpado sin mal merecer,
porque brevemente quiero responder
a tus palabras firmes y mintrosas[18]
e quiero probar por textos e glosas
de cómo tú debes damnada ser.

Verdad es que Dios me quiso facer
de limo de la tierra, materia grosera.

[16] De avisar. v. a. Participar, dar noticia a otro de alguna novedad, suceso, ù otra cosa. Puede ser voz compuesta de la partícula A, y del Latino *Visus*, ù del Griego *Abesso*, que significa advertir *(Aut.)*. El CORDE documenta este uso en Juan de Valdés, 1557, «es aviso á nosotros para que huigamos de la idolatría» (CORDE en línea, consultado 22 noviembre 2017).

[17] Lo mismo que responder, v. n. Dar satisfacción a la pregunta, duda, o dificultad, que se hace, o propone. Latín. *Respondere*, de donde viene. Se toma también por regañar, excusarse o dificultar el hacer lo que se manda *(Aut.)*. El CORDE documenta este uso en El Tostado, Alonso Fernández de Madrigal, 1437, *Libro de las paradojas*: «Dexando la suso mençionada inepta responsion, se puede responder en dos maneras. La primera es que esto sea fecho por privillegio…» (CORDE en línea, consultado 22 noviembre 2017).

[18] Lo mismo que Mentiroso. Es voz anticuada. BOC. DE OR. cap. 14. Cá el mintroso no miente sino por flaqueza de su ánima y de su seso. LUCEN. Vir. beat. f. 4. No es oficio de buen servidor blandir al Señor con mintrosos loores *(Aut.)*.

De tierra salí y tierra he de ser
e ser retornado do primero era.
Más tu que veniste por ser guiadera[19]
de mí por quitarme de andar desterrado,
porque consentiste fazer el pecado
e no me guiaste por buena carrera.

Do quiera que andabas y contigo era,
no te fallecí[20] jamás sin dubdanza[21].
Sin ti no podía andar una hora,
ni aún un paso por más seguranza.
Crío te Dios a su semejanza,
diote poderío de bien y de mal.
Pues que veyas que eres imortal,
¿Por qué consentiste fazer tal erranza?[22].

Aquí no puedes allegar ignorancia
que no fueste creada spiritualmente.
Fueste puesta en mí con tal confianza
que tú me rigieses muy derechamente.
[d4r] Ca tú más debías ser obediente
a Dios que te hovo del cielo enviada,
que no yo carnaza que era formada
de tierra grosera pesado elemente[23].

[19] De guiar: Enseñar el camino. Es formado del nombre Guia. Latín. *Ducere (Aut.)*. El CORDE documenta este uso en Alfonso X, 1270–1284: «unos dias por quantol la ventura ayudaua & le era guiadera en quantas cosas començaua» (CORDE en línea, consultado 22 noviembre 2017).

[20] De *fallecer*: Faltar o acabarse alguna cosa. Tiene la anomalía de los acabados en ecer, como fallezca, etc. Latín. *Deficere*. *Finire*. F. HERR. sob. el Son. 1. de Garcil. Porque no se ha de enternecer y humillar el estilo, de suerte que le fallezca la vivacidad, y venga a ser todo desmayado y sin aliento *(Aut.)*. El CORDE documenta este uso en Garci Rodríguez de Montalvo, 1482-1492: «pues os yo a tal tiempo fallecí. Vos, señor, érades aquel que a todos amparávas» (CORDE en línea, consultado 22 noviembre 2017).

[21] Dubdança, lo mismo que duda, temor recelo desconfianza *(Aut.)*.

[22] Lo mismo que Error. Es voz antiquada. FUER. JUZG. lib. 12. tit. 2. l. 4. Ningun Judío non cóide nin haya fuiza de tornar de cabo a la sua erranza, nin a la sua descomungada ley *(Aut.)*.

[23] Por «elemento».

A mí tú bien sabes verdaderamente
que carne sin alma no puedes ser cosa.
Cuando el espíritu del cuerpo es absente[24]
torna el cuerpo en tierra muy lodosa.
Mas tú, que fueste a tan virtuosa
que sin mí pudías ganar vida,
por tu gran locura tú has la perdida,
donde para siempre serás dolorosa.

Aún más te digo que fueste perezosa
en darme doctrina y buena lición
con que aprendiese la ley provechosa,
la cual faze al hombre ganar salvación.
Por tu negligencia y gran ocasión
de no instruirme en la fe católica
irás a la corte que es diabólica,
do te está aparejada cruel damnación.

No vale limosna ni aún oración
A la alma que está allí asentada,
no tiene esperanza de haver redención
después que en infierno ha fecho la entrad[25].
Pues alma cativa, desaventurada,
[d4v] pues tú bien sabías aqueste prefacio
¿Para qué diste a tanto espacio
que por negligencia tú fueses damnada?

Sabes muy bien cuando fueste baptizada
e tú demandaste la fe al redentor,
que te fue a ti francamente otorgada
porque obedecieses al tú criador.
Allí renegaste del falso traidor,
cruel enemigo de la fe cristiana,
e tú por ti misma, con voluntad sana,
quesiste recebir a Dios por señor.

[24] En este punto la impresión es sumamente débil pero las letras [nte] están ahí.
[25] Errata, por entrada.

Allí te nombraron sin algún error
todos los artículos de nuestra fe santa,
los cuales tu boca, sin algún temor
dijo: –Yo loó[26] según se aquí canta.
Después fue sin duda, tu flaqueza tanta
que tú descreíste a Dios blasfemando,
e creíste al diablo tomando su bando,
el cual contra ti procede y euanta[27].

Si tú conocieses qué tal fue y cuanta
la tu negligencia y tu mal vivir,
ya no bastarían de plegos sesanta
do bien se pudiesen notar y screbir.
Aquesto de cierto te puedo dezir
que amos iremos después del juicio,
[d5r] al lago profundo donde hay ejercicio
de fazer a las almas damnar y perir[28].

E a mí no puedes tú contradecir
que Dios no te diese franca libertad,
e dejó anchamente a tu voluntad
que tú pudieses bien y mal vivir.
E sabías cierto y es sin fallir
que viviendo bien la gloria ganabas,
e por el contrario, que al fuego trotabas,
donde estarás siempre jamás sin morir

Pues clara se muestra la tu mezquindad
que no te supiste guardar del contrario,
porque cuando estabas en prosperidad

[26] De loar: Lo mismo que Alabar. Latín. *Laudare (Aut.).*

[27] Error de la composición tipográfica. En los ejemplares de la British Library y en la edición de Cyril A. Jones, Pisa, 1963 aparece *enanta*, voz con idea de tiempo. Es voz jurídica documentada en el CORDE a partir del año 1250. En un anónimo de 1456 aparece el siguiente ejemplo «los ditos exsecutores puedan enantar contra los sobreditos Jayme Romeu, Anthoni Jouuer…» (CORDE en línea, consultado 22 noviembre 2017).

[28] Con el sentido de perecer. El CORDE documenta en un anónimo de 1383 el siguiente ejemplo: «aquellos homnes sabientes que podian perir o por fuego o por agua scriujeron lures studios» (CORDE en línea, consultado 22 noviembre 2017).

tomaste por señor a tu adversario.
Dejaste lo que era muy más necesario
e fueste a tomar la cosa dañosa,
pues alma mezquina, no seas airosa[29],
pues lo que te digo es firme y no vario[30].

Replica la alma

El alma oyendo el tal licionario[31],
parose turbada y no sin razón,
veyendo el cuerpo ser voluntario
en dar contra ella tan fuerte conclusión.
E dijo llorando con desesperación:
–Maldito ya sea el cuerpo sin lengua

[d5v]

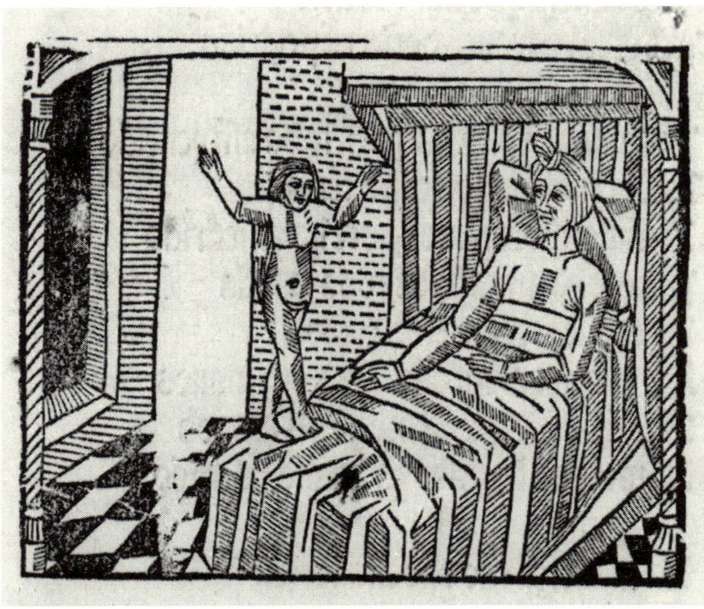

[29] La cosa que tiene garbo, gentileza, y brio. Lat. *Elegans. Concinnus*, a, um. SAAV. Empr. *(Aut.)*.

[30] Diverso, diferente *(Aut.)*.

[31] Libro donde están recogidas las lecciones que se dicen en el oficio divino *(Aut.)*.

por darme más pena y más destrucción
ha procurado de darme tal mengua.

Cuerpo sin alma y sin locución,
¿Por qué cometiste a tal villanía?
En darme sin causa tan fuerte reprehensión
e trabajas tu culpa en fazer la mía.
E sepas por cierto que por tu porfía
seremos nos amos[32] damnados del todo,
más fedientes[33] que fiemo[34] ni lodo
quando viniere el amargo día.

Pues dejas verdad y sigues falsía[35].
Decir te yo que eres traidor fementido.
En cuento tú dices que yo fue tu guía,
fablas como hombre de poco sentido.
[d6r] Ca muy bien sabes que te han vencido
los dos enemigos, el uno es el mundo,
después de esto el diablo que es el segundo,
e tú fueste con ellos cuanto he vevido[36].

En aquel instante que fueste nacido,
todo tu principio fue luego llorar.
Desnudo, despojado, sin algún vestido,
veniste en el mundo no lo puedes negar.
E así desnudo te has de tornar
dentro en la tierra en poder de gusanos,
e te roerán los pies y las manos,
e todos tus miembros no puedes excusar.

Después en el tiempo de resucitar,
los muertos serán al juicio llamados
e verán en las nubes el justo juzgar,

[32] Por ambos.
[33] Lo mismo que Hediondo *(Aut.)*.
[34] Estiércol *(Aut.)*.
[35] Lo mismo que Falsedad *(Aut.)*.
[36] «Vevido» se refiere a vivir.

e ambos seremos en uno ayuntados[37].
Allí mostraremos todos los pecados,
que tú no podrás tener uno escondido,
e de aquellos seremos entonces juzgados,
con gritos y llantos y gran apellido[38].

E por tu soberbia seremos abajados,
bajo al infierno profundo iusano[39].
Seremos rostidos[40] y muy tormentados,
por tu avaricia más que del gusano.
E porque engañaste a tu prójimo hermano,
[d6v] e por tu sentencia habremos tal juego,
que para siempre nos quemará el fuego,
e no te valdrá llamarte cristiano.

E porque por ir a de llano en llano
tú renegaste de Dios poderoso,
e con tu mal seso perdido liviano
del bien de tu prójimo fueste envidioso.
E por tu gran gula que fueste tan goloso
allí serás preso con fuertes cadenas,
serás tormentado con diversas penas,
que no habrán jamás ni fin ni riposo[41].

No fueste negligente ni fueste perezoso
en seguir los vicios tan crudos y malos.
vives tan altivo y tan grandioso
sin temor de Dios faciendo mil males.
E todos los siete pecados mortales

[37] Lo mismo que Juntar. Es voz poco usada *(Aut.)*.

[38] Llamamiento, llamada, convocación. Vale también sobrenombre que se añade al sujeto, que le da a entender el linaje y casa de donde viene *(Aut.)*.

[39] Iusano: por yusano, derivado de yuso: Voz antigua, que significa debajo, ò abajo *(Aut.)*. Antonio de Nebrija, *Gramática castellana*, 1492, define este lema: «Adverbial nombre es aquel que se deriva de adverbio, Como de sobre soberano, de "*iuso iusano*"».

[40] De rostir, Lo mismo que asar *(Aut.)*.

[41] Errata por reposo.

con tus apendencias[42] tú has mantenidos,
por do tú y yo seremos perdidos
sin fin, en las penas que son infernales.

Allí habrá lloro y bater[43] de caxales[44].
fambre y gran frío y gran calentura,
tormentos terribles atantos y tales
que no habrán cuento ni fin ni misura[45].
O carne mezquina, de mala ventura,
mira como somos entramos malditos,
[d7r] en fin te lo digo de estos mis escritos
que nunca esperamos perdón ni folgura[46].

Sentencia

Estando aquestos en esta pressura,
el cuerpo y la alma en disputamiento,
vino un ángel de gran estatura,
en forma humana volando en el viento.
Traía en su mano un ordenamiento,
escrito venía según parecía:
–Sentencia os traigo, de dentro decía,
para que se acabe este combatimento.

En pocas palabras y menos de ciento,
la dicha sentencia venía escrita.
Decía él: –O cuerpo de mal nacimiento,
tu alma de Dios, sábete que eres maldita.
Entrambos hovistes la libertad quita
de parte de Dios facer bien si quesistes,

[42] Lo mismo que pertenencias, con respecto a las cosas accesorias o dependientes de otra principal *(Aut.)*.

[43] Con el sentido de batir: Golpear, dar golpes con una cosa dura contra otra, ò para deshacerla, ò para apretarla y bajarla, ò para otro fin *(Aut.)*.

[44] Una parte de la rueda del molino de agua; es término de ingeniería. El CORDE documenta esta voz a partir de *Los veintiún libros de los ingenios y máquinas de Juanelo Turriano*, anónimo de 1605 (CORDE en línea, consultado 4 diciembre 2017).

[45] Por mesura.

[46] Fiesta y diversión dispuesta en el campo para divertirse entre muchos *(Aut.)*.

e pues que en el mal amos[47] consentiste,
maldijo vos Dios de su boca bendita.

E pues consentiste amos de consuno[48]
en siempre facer mal y pecado,
manda vos Dios ambos en uno,
ser condenados en un igual grado.
Manda el cuerpo ser devorado,
e ser rostido y tornado en ceniza,
[d7v] e el alma doliente pues fue mal avisada,
mando levar al diablo privado.

De que la sentencia fue ya publicada,
fuese el ángel, dejó los en blanco.
Vino en un punto con una mesnada[49]
un muy fiero diablo, echando un gran tranco.
E lanzó al alma en un fondo barranco,
que muy lleno estaba de fuego terrible,
pez regalada,[50] zufre[51] horrible,
e de agua sediente llenó un estanco.

Allí están trabando[52] al alma mezquina
con grifos de fierro, y peines[53] recientes,[54]
plomo regalado, con pez y rasina.
Le lanzan de suso[55] con flamas pudientes,
están le diciendo aquí para mientes:
–Tu que quesiste ser renegada,

[47] Por ambos

[48] En compañía, unida y juntamente, de común acuerdo y conformidad *(Aut.)*.

[49] Compañía de gente de armas *(Aut.)*.

[50] Vale también por derretida o liquidada *(Aut.)*.

[51] Por azufre.

[52] De trabar. Vale también prender, agarrar, ò asir *(Aut.)*.

[53] Se llamaba por semejanza un instrumento de puntas aceradas, con que los tiranos mandaban atormentar los Santos Mártires *(Aut.)*.

[54] Nuevo, fresco o acabado de hacer. Viene del Latino *Recens*, que significa lo mismo *(Aut.)*.

[55] Modo adverbial, que vale lo mismo, que de arriba *(Aut.)*.

que todos aquellos habrán tal soldada[56]
que a nuestros decires son muy obedientes.

Estando mirando aqueste tormento,
fue despertado del sueño que había,
e fui conociendo bien seguramente,
que el mundo es lleno de engaño y falsía.
Por ende ruego a Sancta María,
que ella quisiese ser mi señora
cuando el cuerpo mora en la hora
que lieve mi alma en su compañía.

[d8r] Por ende todo hombre avisado sea
en facer buenas obras y siga bondad,
e deja al mundo y a su ralea,
que todo es lleno de gran vanidad.
E los que moran en fe y verdad,
sean bien guardadas de penas crueles,
e irán al coro do son los fieles,
delante de Dios padre y de su majestad.

Roguemos a Dios por su piedad,
aquel que tomó por nos carne humana,
en la cruz con gran humildad
por nosotros murió con voluntad sana.
Que quiere guardar la gente cristiana,
del falso enemigo y dela su saeta
e a vos y a mí, Antón López de Meta,
nos lieve a la gloria que es muy soberana.

Amén.

Acabose este presente tratado
en la muy noble y muy leal cib-
dad de Toledo, a xxviij días
de junio. Año de nuestro Salva-
dor, mill y quinientos.

[56] El estipendio o paga que se da al criado que sirve (*Aut.*).